De la même auteure, aux éditions Leduc :

Émotions : quand c'est plus fort que moi, 2019
Ma bible des émotions, 2019
Les petits riens pour changer sa vie, c'est malin, 2017
Arrêter de s'énerver, c'est malin, 2016
Je râle moins… mais mieux, c'est malin, 2016
Ne plus se gâcher la vie, c'est malin, 2015
La pensée positive, c'est malin, 2014

Le contenu de cet ouvrage poche est la reprise du livre grand format du même titre, paru en 2018.

Maquette : Laurie Baum

10 place des Cinq-Martyrs-du-Lycée-Buffon
75015 Paris
ISBN : 979-10-2851684-0
ISSN : 2425-4355

C'EST MALIN

AURORE AIMELET

JE DOPE MON NARCISSISME

LEDUC poche

SOMMAIRE

INTRODUCTION

« Il faut apprendre à s'aimer soi-même,
c'est ma doctrine, d'un amour entier et sain,
afin de demeurer fixe en soi au lieu
de vagabonder en tous sens. »

Friedrich Nietzsche

Parfois, nous les regardons avec envie. Qui ? Ces gens sûrs d'eux, forts, assurés, qui savent dirent non, exprimer leurs désirs, leurs valeurs, qui n'ont pas peur du regard des autres, qui peuvent prendre des risques et qui n'ont rien à prouver. Comme si des fées s'étaient penchées sur leur berceau à la naissance pour leur offrir une estime de soi de gagnant. Nous, en retrait, en secret, nous aimerions être comme eux. Pas arrogants, non. Mais juste plus confiants. Car souvent, le soir, fatigués, nous en avons assez.

Oui assez. Assez de nous dévouer aux autres et de les faire passer en premier. Assez de ne pas avoir les mots pour dire qui nous sommes et ce dont nous avons besoin. Assez de ce peu de crédit que nous nous portons à nous-mêmes. Assez de cette somme de fragilités qui nous brident dans notre élan (ah ! si nous étions différents...). Assez de cette lassitude, de cette émotivité, de cette nette tendance au pessimisme, de ces relations insatisfaisantes que nous entretenons quand même, de cet immobilisme généralisé qui nous a gagné peu à peu, au fil des ans.

Alors nous avons décidé de changer. Et de mettre dans notre escarcelle ce qui semble être à la mode en ce moment : du bon vieux narcissisme. Nous aussi méritons de faire la paix avec celui ou celle que nous sommes, de prendre du temps pour nous, de penser à nous, de bien veiller sur nous. Nous aussi, nous voulons nous aimer ! Enfin... un peu plus.

Seulement voilà. Si certains semblent avoir reçu en cadeau une bonne dose de narcissisme, eh bien, ce dernier ne semble pas se trouver dans une pochette surprise. Pas gagnée, l'affaire... Pardon, le « processus de renarcissisation » !

Pourtant, sachez-le dès maintenant, il y a une bonne nouvelle : car nous n'avons pas besoin de l'acheter, cet « amour de soi ». Il est déjà là, en nous, accessible. D'accord, sans doute un peu caché par tout un tas de culpabilités, de peurs et de croyances. Mais il est là, à portée de main.

Pour cet ouvrage, nous avons fait le tour des solutions des plus grands experts pour doper un narcissisme défaillant. Et choisi avec soin les conseils qui nous semblaient les plus appropriés. Nous avons aussi donner la parole à des hommes et des femmes qui, comme nous, ne se trouvent pas vraiment à la hauteur. Voire totalement nuls. Histoire de comprendre une bonne fois pour toutes qu'on n'est pas seul à éprouver tant de lacunes impardonnables.

Nous vous proposons un chemin pour apprendre à mieux vous connaître pour mieux vous aimer. Car ce n'est pas en vantant les mérites de ces gens-là (vous savez, ceux que nous regardons avec envie) que vous parviendrez à voir les vôtres. C'est d'ailleurs sans doute en acceptant vos fragilités que vous saurez les mettre en valeur et à profit. S'aimer soi-même ? Oui, c'est possible.

Chapitre 1

Évaluer sa fragilité

Comment va votre ego ?

« Vous, autant que n'importe qui dans cet univers, méritez votre amour et votre affection. »

Bouddha

Doper son narcissisme, tel est le propos de ce livre. Mais c'est qui, Narcisse ? Et c'est quoi, le narcissisme ? L'êtes-vous suffisamment ? Pas assez ? Trop ? Avant d'entrer dans le vif du sujet et de voir comment rééquilibrer la relation que nous entretenons avec nous-mêmes et avec les autres, comment changer de regard sur notre cas (loin d'être désespéré, promis), essayons de comprendre ce qui se cache derrière une notion qui regagne aujourd'hui du terrain.

LE NARCISSISME, NOUVEAU DADA DU DÉVELOPPEMENT PERSONNEL ?

Blessure narcissique, faille narcissique, narcissisme primaire et secondaire, hyper- ou hypo-narcissisme... Depuis peu, le terme a envahi le monde du développement personnel (le fameux DP...), la presse et les rayons de nos librairies préférées. On entend, ici et là, de nombreux experts redonner ses lettres de noblesse au narcissisme et suggérer d'en prendre soin. Serait-ce une nouvelle clé pour retrouver équilibre et bien-être ?

Un premier doute vous assaille. Pour vous, un être narcissique, c'est un personnage assez odieux, peu fréquentable, imbu de lui-même, vaniteux, orgueilleux, égotique. Le dictionnaire Larousse est tout à fait d'accord avec vous puisqu'il définit le « narcissisme » comme l'amour excessif de soi. Loin de vous cette idée !

NARCISSE, LE HÉROS AMOUREUX DE LUI-MÊME

Il faut dire que nous avons tous en tête le personnage de la mythologie grecque Narcisse.

Ce jeune homme d'une grande beauté grandit sans jamais voir son image. Parfaitement insensible à l'amour des autres, et notamment celui de la nymphe Écho, il est égoïste et méprisant. Quand un jour, la déesse Nemésis venge les jeunes filles éconduites en attirant Narcisse près d'un ruisseau. Celui-ci tombe littéralement amoureux de son reflet, qui bien évidemment ne le lui rend pas. Fou d'amour pour lui-même, il se laisse dépérir et finit par se transformer en fleur avant de… faner. Fin de l'histoire !

Donc, les narcissiques sont, dans la culture populaire, obsédés par leur image ; ils exigent des autres qu'ils leur renvoient un reflet éclatant, les utilisent pour se mettre eux-mêmes en valeur, bref leur marchent dessus pour mieux s'élever. Mais il n'est pas question de devenir ces odieux personnages, rassurez-vous.

Une deuxième question vous taraude. S'agit-il d'une nouvelle piste pour aller mieux ? Honnêtement, oui et non. Car il n'y a rien de neuf sous le soleil, figurez-vous. Le narcissisme, s'il est une notion qui sonne savante et donc crédible, issue de la psychanalyse, est une composante humaine que tout le monde connaît déjà. Et vous aussi.

Le narcissisme, c'est extrêmement simple, c'est l'amour de soi.

Ou, en d'autres termes, c'est l'estime de soi. Or, il y a fort à parier que vous en avez déjà entendu parler, non ? Il faut dire que cette idée-là a fait couler beaucoup d'encre dès les années 2000, avec l'excellent ouvrage[*] écrit par les psychiatres et psychothérapeutes Christophe André et François Lelord, désormais devenu un ouvrage de référence. Depuis, vous savez tout ou presque de l'estime de soi, qu'il ne faut ni trop haute, ni trop basse.

Avoir un narcissisme solide, sain, équilibré, c'est penser, dire et éprouver ceci : « Je m'aime suffisamment, ni trop, ni pas assez, je m'estime correctement, moi, mes atouts, mes faiblesses, je reconnais ma valeur comme celle des autres. » Et, en effet, quand on pense, quand on dit et quand on éprouve un tel sentiment d'identité, eh bien, force est de constater qu'on va plutôt bien, merci.

---

* *L'Estime de soi. S'aimer pour mieux vivre avec les autres,* Odile Jacob, 1999.

UNE VIEILLE HISTOIRE DE PSYCHANALYSE

C'est donc à la psychanalyse que l'on doit ce concept vieux de plus de cent ans, car apparu pour la première fois en 1915, dans *Pour introduire le narcissisme*, de Sigmund Freud. Vous vous doutez bien qu'à cette époque-là, l'estime de soi n'est pas encore un terme à la mode, employé à tout va.

À l'origine, le narcissisme a quelque chose à voir avec la libido. Non, pas celle qui anime vos nuits ! Pour Freud, la libido, c'est notre énergie vitale. Elle « englobe nos désirs, nos envies, nos pulsions de vie, et généralement toute notre activité sexuelle concrète ou imaginaire », peut-on lire sur le site de *Psychologies Magazine**. C'est donc notre moteur, notre carburant. La définition se poursuit par une précision « Jung, autre père fondateur de la psychanalyse, a élargi le sens de ce mot et l'utilise pour évoquer toutes les formes d'énergie psychique, y compris celles qui sont sans rapport avec la sexualité. »

---

* www.psychologies.com

Freud lui-même faisait déjà la distinction entre un narcissisme sain et pathologique. Selon lui :

- le narcissisme est sain lorsqu'il y a un équilibre entre l'investissement de la libido envers soi-même et l'investissement de la libido envers l'autre ;
- le narcissisme est pathologique quand la libido est soit surinvestie vers des objets extérieurs (burn-out, dépression, dépendance affective, etc.), soit surinvestie sur le Moi (délire de grandeur, Moi idéal survalorisé, etc.).

Donc, en langage du XXIe siècle, nous pourrions dire que :

- le narcissisme sain permet à l'individu de reconnaître sa valeur et celle des autres ;
- un hypo-narcissisme condamne l'individu à ne se considérer d'aucune valeur et à surestimer celle des autres ;
- un hyper-narcissique condamne l'individu à surestimer sa valeur et à mépriser celle des autres.

Alors, évidemment, vous vous doutez bien que dans les deux derniers cas, il y a comme un déséquilibre ! Et c'est là-dessus que nous allons travailler.

MAGDALENA, 28 ANS

« COMME SI JE DEVAIS M'EXCUSER D'EXISTER... »

« Je sais depuis longtemps que je devrais travailler sur cette fameuse estime de soi dont tout le monde parle. Je me dénigre sans cesse, je suis timide, maladroite, je n'ai pas confiance en moi. Je sais que c'est problématique. Finalement, pas trop pour moi, je suis habituée. Mais c'est vis-à-vis des autres. Dans le salon de coiffure où je travaille, je ne suis jamais très à l'aise avec les clientes, j'ai du mal à les conseiller, à me montrer sûre de moi, et donc à les rassurer. Et puis, je crois que ça agace Laurent, mon ami. Souvent, il me dit : "Arrête ! Tu dis que tu es nulle, que tu ne sais pas. Mais moi, je ne te trouve pas nulle, au contraire ! Pourquoi tu ne me crois pas, moi ?" J'aimerais bien le croire, honnêtement... Mais c'est plus fort que moi. Je ne sais pas comment me positionner en fait. Et quand je suis avec des gens qui sont brillants, ça me paralyse encore plus. Là, c'est comme si je devais m'excuser d'exister. Et c'est douloureux. »

SOUFFREZ-VOUS D'UNE FAILLE NARCISSISQUE ?

Avant d'aller plus loin, nous vous invitons à évaluer votre narcissisme. Est-il vraiment défaillant ? Pour le savoir, nous vous proposons un questionnaire. Lisez la liste des affirmations et cochez la case correspondante si vous vous reconnaissez dans chacune de ces pensées, émotions ou comportements. Ne réfléchissez pas trop longtemps, fiez-vous à votre intuition. Soit quelque chose dans ces affirmations résonne en vous, soit non. Si vous êtes perplexe, n'inscrivez rien. On a le droit de douter de soi, parfois. Souvenez-vous : ni trop, ni trop peu !

› J'ai peur de l'avenir.	❒ Je me reconnais
› Je manque d'assurance.	❒ Je me reconnais
› Souvent, je ne sais pas quoi dire.	❒ Je me reconnais
› Les examens me terrifient.	❒ Je me reconnais
› Je suis maladroit avec les autres.	❒ Je me reconnais

› Physiquement, je ne suis pas terrible.	❒ Je me reconnais
› J'ai du mal à m'adapter dans un groupe quand je ne connais personne.	❒ Je me reconnais
› Les échecs m'anéantissent.	❒ Je me reconnais
› Ma vie pro et ma vie perso ne sont pas équilibrées.	❒ Je me reconnais
› Je ne suis jamais vraiment sûr de moi.	❒ Je me reconnais
› Je ne sais pas pourquoi mes amis m'apprécient.	❒ Je me reconnais
› Je n'ai pas beaucoup d'objectifs, je ne fais pas beaucoup d'effort.	❒ Je me reconnais
› Je n'aime pas ma voix, mon sourire, mes pieds…	❒ Je me reconnais
› Les critiques me font souffrir.	❒ Je me reconnais
› Mon alimentation, mon sommeil… je n'y fais pas trop attention	❒ Je me reconnais
› Je ne sais pas me décider, choisir.	❒ Je me reconnais
› Je suis rarement à la hauteur.	❒ Je me reconnais

→

› Je culpabilise souvent.	❐ Je me reconnais
› Les autres sont plus ceci et moins cela que moi.	❐ Je me reconnais
› Je ne sais pas reconnaître mes émotions quand elles me bouleversent.	❐ Je me reconnais
› Je ne suis pas très intéressant.	❐ Je me reconnais
› J'ai parfois honte de réagir comme je le fais.	❐ Je me reconnais
› Les compliments me déstabilisent.	❐ Je me reconnais
› Je ne sais pas dire non.	❐ Je me reconnais
› Les disputes me font peur, je crains toujours le pire.	❐ Je me reconnais
› J'ai souvent mal quelque part.	❐ Je me reconnais
› Je ne m'aime pas en photo ou en vidéo.	❐ Je me reconnais
› Je n'ai jamais de chance.	❐ Je me reconnais
› Je n'ai pas beaucoup de goût.	❐ Je me reconnais

› J'ai souvent peur de ne pas y arriver.	❒ Je me reconnais
› Je suis plutôt gauche.	❒ Je me reconnais
› Je manque d'ambition.	❒ Je me reconnais
› Je ne sais pas parler de moi.	❒ Je me reconnais
› Le regard et le jugement des autres me terrifient.	❒ Je me reconnais
› Je suis hypersensible.	❒ Je me reconnais
› J'ai du mal à me reconnaître des qualités.	❒ Je me reconnais
› Je me laisse parfois marcher dessus.	❒ Je me reconnais
› Je me regarde peu dans le miroir, et encore moins si je suis nu.	❒ Je me reconnais
› Je n'aime pas prendre soin de mon corps.	❒ Je me reconnais

Vous avez coché 30, voire 40 cases ?

Pas de panique. Non, vous n'êtes pas fichu, et encore moins condamné à souffrir de cette blessure narcissique jusqu'à la fin de vos jours. Ce manque d'amour pour la personne que vous êtes peut être réparé. C'est l'objet de ce livre. Vous comprendrez bientôt que cette faille vient d'expériences passées défaillantes justement, difficiles ou douloureuses, qui n'ont pas permis la construction d'un bon narcissisme.

Voyez cela comme un bâtiment. Vous êtes en ce moment en chantier. Ou plutôt, le chantier s'est interrompu. Mais si vous recommencez à vivre des expériences constructives, positives et valorisantes, alors le chantier va redémarrer. Et votre narcissisme se développer. Vous ne pouvez pas effacer ce que vous avez vécu, d'accord. Mais vous pouvez vivre d'autres choses, ajouter d'autres expériences. C'est ceci que vous découvrirez bientôt.

Vous avez coché entre 10 et 20 cases ?

Ce n'est pas si mal. Mais vous pourriez faire mieux, vous apprivoisez, vous regardez avec plus de bienveillance et cessez de vous déprécier, de vous comparer à ceux que vous estimez plus brillants, de chercher à incarner un être parfait qui réussit tout, tout le temps. En lisant ce livre, vous apprendrez vous aussi à multiplier ces petits pas qui vous permettront de mieux vous aimer, vous, votre apparence quelle qu'elle soit, vos atouts qui sont nombreux, votre entourage qui vous aime pour ce que vous êtes.

Ces résultats peuvent aussi signifier que votre narcissisme fluctue en fonction du contexte. Peut-être estimez-vous être un bon professionnel, mais un piètre conjoint ? Ou alors un ami fidèle mais un parent déplorable ? Peut-être n'avez-vous aucun problème avec votre image, mais vous ne vous reconnaissez aucune capacité intellectuelle ? C'est dans l'un ou l'autre domaine de votre existence que vous avez plus de mal à vous aimer. Jetez un œil au sommaire de ce livre, car il vous permettra de travailler ce domaine plus particulièrement.

Trop narcissique ?

Vous n'avez coché aucune case et vous en félicitez ? Nous aussi. Quoi que... Vérifiez tout de même que vous ne souffrez pas d'un hyper-narcissisme... Car, hypo- comme hyper-, ces deux-là proviennent du même manque de constance et de solidité dans la mise en place de l'amour de soi.

Le narcissisme excessif est-il, lui aussi, signe de fragilité ? Tous les experts vous le diront : oui. L'hyper-narcissisme, c'est le revers de la même médaille. C'est une autre façon de compenser la même faille identitaire, la même fragilité intérieure, la même douloureuse vulnérabilité. Certes, en apparence, ces personnages au verbe haut, assurés en multirisque relation, imperturbables et fiers de l'être semblent mieux armés pour affronter les aléas de la vie.

Le psychiatre Laurent Schmitt, auteur du *Bal des ego*[*], explique parfaitement ces deux troubles narcissiques, apparemment opposés : « Soit la personne a une vision trop dégradée d'elle-même parce qu'elle a été soumise à des exigences excessives ou a été méprisée en permanence ; soit, au contraire, elle se considère comme grandiose et exceptionnelle, ce qui peut être une manière de surcompenser toute une série de fissures, comme le fait d'avoir été le moins aimé dans une fratrie ou d'avoir dû composer avec un handicap physique, à l'exemple de Talleyrand, affligé d'un pied bot. »

* Odile Jacob, 2014.

BORIS, 37 ANS

« MON FRÈRE CACHE SA BLESSURE DERRIÈRE SON ARROGANCE »

Mon frère est… magique ! Jean s'est toujours considéré au-dessus du lot. Tout petit déjà, tout lui était dû. C'était le petit dernier de la famille, le préféré de ma mère, qui lui passait à peu près tout. Je me souviens encore de ses caprices qui viraient régulièrement en crises… C'était insupportable pour ma sœur et moi qui devions attendre que le petit prince se calme – comprenez qu'il obtienne ce qu'il veut. Et ça ne s'est pas arrangé avec le temps. Aujourd'hui, il sait mieux que les autres – qui sont à ses yeux "tous des c***" ! Il m'insupporte avec ses commentaires. Mais je vois maintenant à quel point il souffre. Il est incapable de nouer des liens, par exemple, incapable de supporter la moindre frustration. Alors, il change de compagne et de boulot tous les quatre matins. Il ne construit rien et passe son temps à cacher sa blessure derrière son arrogance. J'ai longtemps été jaloux de ses privilèges mais désormais que nous sommes adultes, je n'envie pas sa situation. »

Le vide est si grand que la personne tente de combler sa soif d'amour de soi en affichant un mépris des autres, souvent factice. Quand un individu s'aime à sa juste mesure, il n'a pas besoin d'en faire trop. Celui qui souffre d'un hyper-narcissisme souffre généralement d'une carence affective importante, qu'il convient, elle aussi, de prendre en compte. Ne serait-ce qu'en faisant preuve de davantage de bienveillance, pour soi comme pour autrui.

LE TROUBLE DE LA PERSONNALITÉ NARCISSIQUE

Voici, selon le DSM-5*, les symptômes qui constituent les critères diagnostiques du trouble de la personnalité narcissique :

- la personne a un sens démesuré de sa propre importance (par exemple, elle surestime ses réalisations et ses capacités, s'attend à être reconnue comme supérieure sans avoir accompli quelque chose en rapport) ;
- elle est absorbée par des fantaisies de succès illimité, de pouvoir, de splendeur, de beauté ou d'amour idéal ;
- elle pense être « spéciale » et unique et ne pouvoir être admise ou comprise que par des institutions ou des gens spéciaux et de haut niveau ;
- elle a un besoin excessif d'être admirée ;

* *Manuel diagnostique et statistique des troubles mentaux* (*Diagnostic and Statistical Manual of Mental Disorders*, abrégé en DSM), publiée par l'American Psychiatric Association.

- › elle pense que tout lui est dû : elle s'attend sans raison à bénéficier d'un traitement particulièrement favorable et que ses désirs soient automatiquement satisfaits ;
- › elle exploite l'autre dans les relations interpersonnelles ; elle utilise autrui pour parvenir à ses propres fins ;
- › elle manque d'empathie, elle n'est pas disposée à reconnaître ou à partager les sentiments et les besoins d'autrui ;
- › elle envie souvent les autres, et croit que les autres l'envient ;
- › elle fait preuve d'attitudes et de comportements arrogants et hautains.

Si vous vous reconnaissez dans ce portrait, ne vous effondrez pas. Il se peut que votre comportement soit un mécanisme de défense lié aux mauvaises expériences que vous avez vécues jusqu'ici. En clair, vous avez dû trouver un moyen de survivre ! Certains choisissent la fuite ou le repli sur soi. Vous avez choisi de lutter et d'attaquer. Peut-être n'aviez-vous pas le choix. Reconnaissez que vous aussi vous souffrez d'une fragilité identitaire. Nous espérons que les prochaines pages vous permettront de la réparer plutôt que de nier qu'elle existe.

LES 5 CLÉS DE CE CHAPITRE POUR DOPER VOTRE NARCISSISME

› Éloignez-vous des idées reçues : le narcissisme n'a rien à voir avec le mythe de Narcisse.

› Dites-vous que vous méritez d'avoir un narcissisme solide, puisqu'il s'agit simplement de vous aimer à votre juste valeur, donc ni trop ni trop peu.

› Entre valorisation de soi et valorisation des autres, chacun peut trouver l'équilibre.

› Sachez que la blessure narcissique n'est pas un mal incurable ; tout le monde peut développer son estime de soi.

› Retenez que l'hypo- et l'hyper-narcissique souffrent d'une même fragilité identitaire.

Chapitre 2

Revisiter son histoire

D'où vient votre blessure narcissique ?

> *« Au-delà de ce que je suis de par l'hérédité et de ce qu'on a fait de moi par le milieu et l'éducation, il y a ce que je fais avec ce que je suis et ce qu'on a fait de moi. »*
>
> **Jean-Paul Sartre**

Tout est la faute de nos parents, c'est bien connu ! À cause de cette éducation totalement inadéquate, nous voilà contraints de vivre lestés d'un fardeau. S'il est fort probable qu'en effet père et mère n'aient pas été totalement à la hauteur, reste que c'est à nous de bouger et de redorer notre blason. Faisons un petit tour dans le passé pour mieux préparer notre avenir (radieux, évidemment...).

LE NARCISSISME, UNE ÉTERNELLE CONSTRUCTION

N'y allons pas par quatre chemins. Le narcissisme n'est pas une qualité dont l'individu serait doté à la naissance... ou pas. Cette reconnaissance de soi, ce mélange de sympathie et d'acceptation de qui l'on est, ce sentiment qui fait dire « Je suis comme je suis et c'est très bien comme ça ! », tout cela se construit dès l'enfance. Ou il se construit mal. Dans le manque (hypo-) ou dans l'excès (hyper-).

Qui dit enfance dit parents, bien sûr. Vos difficultés viendraient-elles de leur défaillance, voire de leur dysfonctionnement ? Il serait aberrant de répondre par la négative, car nous ne pouvons malheureusement pas dire qu'ils n'y sont pour rien. C'est en effet auprès d'eux que vous avez grandi, ils sont vos premières figures d'attachement, les modèles sur lesquels vous avez pris appui.

Pour autant, nous ne pouvons pas tout leur mettre sur le dos non plus ! En effet, si l'estime de soi se construit dès le plus jeune âge, elle est avant tout liée aux expériences que nous vivons. Or nous en vivons en dehors de nos parents !

Ne serait-ce qu'en nous-mêmes pour commencer, dans notre corps, notre cœur, notre tête. Et puis, bien évidemment, auprès des autres adultes référents (grands-parents, nounou, professeurs...) comme de nos petits camarades.

Pour faire court, l'amour de soi se construit bien quand nous vivons :

- des expériences physiques et corporelles qui favorisent notre sentiment de sécurité ;
- des expériences émotionnelles et psychiques qui créent notre sentiment d'identité ;
- des expériences affectives et relationnelles qui confortent notre sentiment d'appartenance.

Mais tout ne se joue pas avant 7 ans, de même que rien n'est fichu après la majorité ! De telles expériences, tout le monde en fait, chaque jour et jusqu'à la fin desdits jours. Que vous le vouliez ou non, tout ce que vous allez vivre à compter d'aujourd'hui va avoir une influence sur votre niveau d'estime de soi. Rien n'est figé, notre sentiment de valeur personnel fluctue en fonction des événements vécus. Car c'est ce qui est vécu en soi et avec les autres qui va permettre de :

- construire une bonne image de soi ;
- fragiliser une bonne image de soi ;
- réparer une mauvaise image de soi ;
- conforter une mauvaise image de soi.

Ainsi, tout reste possible ! Évidemment, ce qui a été vécu dans l'enfance et à l'adolescence a conditionné la solidité et la qualité du sentiment que nous avons de nous-mêmes une fois devenus adultes. Mais si l'enfance est ce moment où le narcissisme s'élabore, nous pouvons tous, au cours de notre existence, le réparer, le renforcer. Il est important que vous le sachiez avant de commencer à revisiter votre histoire pour comprendre les raisons qui ont fait que votre narcissisme s'est mal construit, dans le manque ou dans l'excès. Personne n'est condamné à souffrir à jamais d'un narcissisme défaillant.

L'ENFANCE, UNE ÉTAPE CLÉ

Puisque le problème semble remonter à notre tendre enfance, essayons d'identifier où exactement. Arrêtez-vous un moment pour voir si l'une ou l'autre des trois descriptions qui suivent vous rappelle des souvenirs et ressemble à votre propre vécu. Il s'agit de revisiter votre histoire pour mieux comprendre. Et avancer.

Le manque de narcissisme

Que s'est-il passé dans vos jeunes années pour en arriver là où vous en êtes aujourd'hui ? Plusieurs environnements malheureux ont en effet eu pour conséquence que votre narcissisme s'est mal construit. Mais lesquels ? Voyons ce qui participe au désamour, ou plutôt au mal-amour de soi.

- L'enfant grandit, et pourtant ses parents le prennent encore pour un bébé : « Tu ne vas pas y arriver, laisse-moi faire ! »
- Il est dénigré par ses parents : « Ce que tu es bête… Vraiment, tu es nul en maths. »
- Son avis ne compte pas : « Tais-toi. Ce sont les adultes qui décident. »
- Ses parents ne s'intéressent pas à lui : « Je n'ai pas le temps, j'ai trop de travail. »
- Ils exigent trop de lui : « Tu dois réussir à l'école. »

- Ils ne sont jamais satisfaits, laissant à l'enfant le sentiment de n'être jamais à la hauteur : « Tu aurais pu faire mieux... »
- Ils le culpabilisent régulièrement ou font planer sur lui une culpabilité : « À cause de toi... »
- Ils le comparent sans arrêt aux autres, notamment à ses frères et sœurs : « Hector, lui... »
- Consciemment ou non, ils auraient préféré avoir une fille et l'enfant est né garçon (ou le contraire !).

VALÉRIE, 46 ANS

« À LA MAISON, ON N'A JAMAIS EU DROIT À UN "BRAVO", ENCORE MOINS UN "JE T'AIME" »

« Mes parents étaient plutôt vieille France, comme on dit. La liste des "choses qui ne se faisaient pas" était très longue et très précise. Il fallait respecter les règles, la loi, on ne chante pas à table et on dit bonjour à la dame. Surtout, on ne fait pas de vagues à l'école et on ramène de bonnes notes ! Ma sœur Caroline et moi, on a obtempéré, on n'avait pas le choix. Des petites filles modèles. Et pourtant, à la maison, on n'a jamais eu droit à un "Bravo", encore moins un "Je t'aime". Même quand Caro a décroché son agrégation, c'est dire. On a traîné toutes les deux ce sentiment de n'être jamais

> à la hauteur. Quand vous faites tant d'efforts pour plaire mais que rien n'y fait, que vous n'obtenez aucun encouragement, pas de félicitation, c'est désespérant. Résultat, ma sœur a fait un burn-out... C'est à ce moment-là que j'ai décidé de commencer une thérapie. Pour prendre soin de moi, réparer tout ça et mieux accompagner ma sœur qui venait de s'effondrer. »

L'excès de narcissisme

Nous pourrions croire qu'un enfant aimé, protégé, investi par ses parents, développe un amour de soi bien plus solide. En réalité, il n'en est rien. Le sentiment de sécurité se construit mal puisqu'il est surprotégé. Quant au sentiment d'identité, il devient lui aussi assez flou puisqu'il est étouffé.

- Dès son plus jeune âge, les parents idéalisent l'enfant, le surinvestissent et le charge d'une mission impossible : être l'enfant parfait, l'enfant rêvé : « Tu es tout pour moi... »
- Il est une grande source d'angoisses pour ses parents : « J'ai tellement peur de te perdre... »
- Il ne se sent en sécurité qu'au sein du cocon familial : « Dehors, c'est dangereux ! »

- Il est survalorisé : « Tu es grand, tu es fort, tu es merveilleux ! »
- Les parents ne lui apprennent pas le sens des responsabilités : « Ce n'est pas de ta faute, c'est à cause des autres si... »
- Ils lui demandent implicitement d'être ce que, eux-mêmes, n'ont pas été : « Un jour, tu seras un grand médecin. »
- Ils refusent de considérer que leur enfant peut avoir un problème, rencontrer une difficulté : « Tout va bien, tout doit forcément bien aller. »
- Ils ne lui apprennent pas les limites, le principe de réalité, le laissant évoluer dans un principe de plaisir qui participe au maintien de son sentiment de toute-puissance (un sentiment normal dans le développement de l'enfant, mais passager).

Un narcissisme équilibré

Cette partie vous concerne aussi. Peut-être parce que vous lisez cet ouvrage pour mieux comprendre et accompagner un proche sans souffrir vous-même d'une blessure narcissique. Surtout, ces propos peuvent vous intéresser si vous êtes parent. En effet, au même titre que vos propres parents ont influencé le développement de votre personnalité, vous jouez un rôle important auprès de vos enfants.

Comment se comportent et que pensent les parents « suffisamment bons », pour reprendre la formule du célèbre pédiatre et psychanalyste anglais Donald W. Winnicott. C'est- à-dire les parents ni parfaits ni défaillants. Comment favoriser l'acquisition d'une bonne estime de soi ?

- Les parents « suffisamment bons » ont une bonne estime de soi. Ils savent s'affirmer et agir, ils croient en leurs talents sans être dans le déni de leur vulnérabilité, ils sont autonomes. Bref, ils bénéficient de ce qu'Aristote nommait « le bon égoïsme ».

- Ils ne projettent ni leurs peurs, ni leurs fantasmes, ni leurs croyances sur l'enfant, qu'ils considèrent comme un individu à part entière. Ils ne le chargent pas de réparer leurs erreurs, par exemple.

- Ils respectent le caractère unique de l'enfant, le valorisent pour sa différence par rapport aux autres et notamment ses frères et sœurs.

- Ils font en sorte que l'enfant soit certain qu'il compte à leurs yeux, qu'il est important, qu'il les rend heureux, qu'il est un être humain de qualité.

- Ils lui apprennent à être autonome en fonction de sa maturité, accompagnent son évolution, sans chercher à le retenir, tout en lui faisant confiance.

Rappelons tout de même que les parents font généralement comme ils peuvent, mus par leurs propres peurs, désirs, croyances et besoins façonnés par leurs expériences. Peu sont défaillants, voire dysfonctionnels, et fiers de l'être ! Raison pour laquelle, mais nous y reviendrons plus tard, mieux vaut leur pardonner.

Vous trouvez ça un peu fort, après tout ce que vous avez enduré ? Peut-être. Mais c'est la seule façon de vous libérer d'un fardeau qui appartient au passé et qui vous empoisonne aujourd'hui la vie.

L'ÂGE ADULTE, L'ÂGE DE TOUS LES POSSIBLES

Le désamour de soi, ou plutôt le mal-amour de soi, trouve sa source dans le passé, dans notre histoire personnelle. Mais – et c'est là que l'histoire devient magique – notre vécu une fois adulte et nos expériences ultérieures peuvent venir réparer un mauvais départ ou conforter un narcissisme équilibré.

Des expériences qui changent tout

Nous connaissons tous quelqu'un qui, malgré une enfance difficile, a pu réparer une estime de soi fragile grâce à des expériences valorisantes : une réussite professionnelle, un couple solide, de belles amitiés, une passion pour le sport, un investissement dans une activité créative, une thérapie... La liste est longue des expériences qui peuvent réparer un narcissisme blessé.

NOS CAPACITÉS DE RÉSILIENCE

Nous sommes tous capables de résilience, cette « capacité à se développer correctement, à continuer à se projeter dans l'avenir en dépit d'événements déstabilisants, de conditions de vie difficiles, de traumatismes parfois sévères* ». On doit la vulgarisation de ce concept au neuropsychiatre Boris Cyrulnik. Dans l'un de

→

* *La Résilience. Résister et se construire*, sous la direction de Michel Manciaux, Médecine et Hygiène, 2001.

ses livres, il en tire une jolie métaphore : « Le chemin de l'homme normal n'est pas dépourvu d'épreuves : il se cogne aux cailloux, s'égratigne aux ronces, il hésite aux passages dangereux et, finalement, chemine quand même ! Le chemin du traumatisé, lui, est brisé. Il y a un trou, un effondrement qui mène au précipice. Quand le blessé s'arrête et revient sur son parcours, il se constitue prisonnier de son passé, fondamentaliste, vengeur ou soumis à la proximité du précipice. Le résilient, lui, après s'être arrêté, reprend un cheminement latéral. Il doit se frayer une nouvelle piste avec, dans sa mémoire, le bord du ravin. Le promeneur normal peut devenir créatif, alors que le résilient, lui, y est contraint*. » Le chemin est certes escarpé, mais il est possible…

À l'inverse, nous connaissons aussi des personnes qui, malgré un début d'existence plutôt serein, voire privilégié, sont tombées de haut. Un échec professionnel ou sentimental, un accident, une maladie, etc., et voilà que l'estime de soi vacille. L'amour de soi n'est plus aussi solide qu'avant. Ce changement de l'image de soi est brutal, souvent douloureux. La personne ne se reconnaît plus, elle n'a plus

* Boris Cyrulnik, *Le Murmure des fantômes*, Odile Jacob, 2003.

confiance en elle, semble perdue. Une dépression peut alors survenir.

ROMAIN, 32 ANS

« ENVOLÉS, MA JOIE DE VIVRE, MON ASSURANCE, MON ENTRAIN »

« J'ai l'impression que tout s'est brisé en 2016, que ma vie s'est dérobée sous mes pieds, presque du jour au lendemain. La boîte de consultants pour laquelle je travaillais depuis quatre ans m'a " remercié " en une après-midi. Envolés, l'ordinateur, le téléphone et la voiture. "Faute grave ", disaient-ils, sans préciser de quelle faute il s'agissait. Bien sûr, j'ai pris un avocat. La procédure a duré deux ans et j'ai fini par avoir gain de cause. Mais, entre-temps, j'avais tout perdu. Comme l'ordi et le portable pro ! Envolés, ma joie de vivre, mon assurance, mon entrain. Je suis tombé en dépression, je n'étais plus capable de me lever le matin, je ne pensais même plus à manger. Et plus je sombrais, plus je m'en voulais, je me trouvais minable. À l'âge de 30 ans, j'ai dû repartir vivre chez papa et maman ! Ce sont eux qui m'ont aidé à remonter la pente. Je n'ai pas honte de le dire. Je crois que ça peut arriver à tout un tas de gens. Un jour, quelque chose fait vriller la mécanique. »

Enfin, nous connaissons tous des « privilégiés » qui, de A à Z, ont multiplié les expériences positives. Dotés d'un bon narcissisme à la sortie de l'adolescence, ils vivent depuis des expériences valorisantes, des succès en affaires comme en amour. Ce vécu conforte la bonne représentation qu'ils ont d'eux-mêmes. Pour eux, tout va bien, merci.

RECONNAÎTRE SA BLESSURE

Ne nous voilons pas la face : si vous souffrez d'une fragilité narcissique, c'est bel et bien que vous avez été blessé. Que cette fragilité remonte à l'enfance ou qu'elle soit survenue à la suite d'un événement douloureux plus récent, vous portez les stigmates d'une blessure. Il va falloir la soigner, c'est-à-dire en prendre soin. Et pour cela, la reconnaître.

Vous hésitez à vous reconnaître « blessé » ? Pourtant la définition même du mot « blessure » devrait vous faire réfléchir : d'après le dictionnaire, c'est une « lésion faite, involontairement ou pour nuire, aux tissus vivants par une pression, un choc, un coup, une arme ou la chaleur ». Le tissu vivant, c'est vous. La pression, le choc, un coup dur, ou encore une chaleur étouffante ne vous rappelle vraiment rien de votre histoire ?

Avant d'aller plus loin, il convient d'insister sur un élément important. Si vous sentez que votre narcissisme s'est fragilisé à la suite d'un traumatisme, il est absolument nécessaire que vous preniez votre temps. Un mot d'abord sur ce qu'est un traumatisme. Sachez qu'il n'appartient qu'à vous de percevoir un événement comme tel. Personne ne peut juger de la souffrance d'autrui, et encore moins de sa légitimité. Si une rupture sentimentale vous a laissé à terre, ne vous sentez pas en dessous de tout.

Ainsi, les spécialistes du deuil, quand ils décrivent les étapes qui composent son processus, parlent de tout événement traumatique qui fait choc : une rupture donc, le deuil d'un proche bien sûr, mais aussi un licenciement (comme Romain en a fait l'expérience – voir témoignage page 31), un accident, une maladie, un changement soudain de style ou de niveau de vie, et même la fin d'une belle illusion, d'un rêve. Tout ce qui implique la perte de quelqu'un ou de quelque chose auquel on tenait comme à la prunelle de ses yeux peut provoquer un choc.

Tous ces événements peuvent être vécus sur un mode traumatique et ébranler presque du jour au lendemain l'estime que l'on se portait. En ce cas, il ne faut surtout pas mettre la charrue avant les bœufs ! Car accepter de perdre ce qui était hier indispensable à notre existence demande du temps. Nous passons par un certain nombre d'étapes de reconstruction.

LES ÉTAPES DU DEUIL

Dès les années 1960, la psychiatre Élisabeth Kübler-Ross a théorisé les grandes étapes du deuil ou de toute forme de perte traumatisante.

› **Choc et déni.** La nouvelle est tellement violente que la personne pense qu'elle ne va pas être capable de gérer la situation. Être dans le déni est préférable qu'affronter la douleur insupportable. La personne est en état de choc.

› **Douleur et culpabilité.** La personne prend peu à peu conscience que la perte est bien réelle. La douleur est intense. Pour l'apaiser, elle ressent d'intenses sentiments de culpabilité et de remords : tout est ma faute.

› **Colère.** Un sentiment de colère prend alors le relais, contre l'injustice d'une telle situation, ou contre un autre, désigné responsable.

› **Marchandage.** Frustrée, la personne se lance dans une sorte de négociation. Comment faire pour revenir en arrière ?

› **Dépression et douleur.** La personne commence à accepter la perte mais elle ne peut y faire face. Elle tombe parfois en dépression, s'effondre, n'est plus à même de vivre normalement son quotidien.

› **Reconstruction.** La personne commence à remonter la pente. Elle s'ouvre de nouveau aux autres, s'intéresse à des activités pour échapper à la douleur. Elle cherche des solutions.

› **Acceptation.** Elle accepte la réalité et commence à reprendre le cours de sa vie. Ses relations avec ses proches et son implication dans son travail se normalisent. Elle croit de nouveau en l'avenir*.

Les cinq blessures de l'âme

De quelle blessure souffrez-vous ? La réponse se trouve peut-être dans l'analyse de la Canadienne Lise Bourbeau, spécialiste du développement personnel et qui reprend, dans un de ses livres**,

* Pour en savoir plus, vous pouvez lire *Sur le chagrin et sur le deuil*, d'Élisabeth Kübler-Ross et David Kessler, Pocket, 2011.

** *Les 5 blessures qui empêchent d'être soi-même*, Pocket, 2012.

les travaux du psychiatre John Pierrakos. Elle identifie les cinq blessures de l'âme qui laissent des traces et nous condamnent à porter un masque pour nous protéger.

La « blessure du rejet »

Elle oblige la personne à porter le masque du « fuyant », que Lise Bourbeau décrit ainsi : « Il croit ne pas avoir le droit d'exister. Se demande ce qu'il fait sur cette planète. Il se considère comme nul et sans valeur. Il se coupe facilement du monde extérieur en fuyant dans son monde. »

Ses qualités : il est efficace, endurant, débrouillard, réactif, autonome.

La « blessure de l'abandon »

Elle oblige à porter le masque du « dépendant ». Voici ce qu'en dit la spécialiste : « Le dépendant recherche l'attention, le support et surtout le soutien de son entourage à tout prix. Il peut même devenir victime et souvent malade seulement pour de l'attention. Il a de la difficulté à fonctionner seul. »

Ses qualités : il est créatif, soucieux d'autrui, sociable, franc.

La « blessure d'humiliation »

Elle oblige l'individu à porter le masque du « masochiste ». Lise Bourbeau décrit « une personne très sensuelle qui aime les plaisirs associés avec les sens, mais qui les refoule par peur de déborder, de perdre le contrôle et d'avoir honte. Fait tout pour ne pas être libre, donc devient très serviable et s'occupe des besoins de ses proches avant les siens ».

Ses qualités : il est audacieux, généreux, altruiste, jovial, fier.

La « blessure de trahison »

Elle oblige à porter le masque du « contrôlant ». L'auteure canadienne précise qu'il aime « contrôler les autres pour qu'ils répondent à ses attentes. Prend beaucoup de place dans un groupe. Cherche à être spécial et important. Intolérant et impatient avec les gens lents. Tente d'imposer son point de vue à tout prix. Très séducteur et manipulateur ».

Ses qualités : il sait rassurer et protéger les autres, il est sociable et bon comédien, il sait gérer plusieurs choses à la fois et passer à l'action.

La « blessure d'injustice »

Elle oblige l'individu à porter le masque du « rigide », que Lise Bourbeau décrit en ces termes : « Très perfectionniste, il veut vivre dans un monde parfait. S'est donc coupé de sa sensibilité pour ne pas sentir les imperfections. Semble un éternel optimiste même si rien ne va. Admet rarement vivre des problèmes, de la fatigue ou même des malaises physiques. »

Ses qualités : il est créatif, sensible, enthousiaste et dynamique.

*

Vous êtes-vous senti rejeté, abandonné, humilié, trahi, victime d'une injustice ? Rappelons-le, toutes ces blessures datent souvent de l'enfance et font que le narcissisme, le sentiment d'identité de la personne, se développe mal. Mais elles peuvent être le fruit d'un choc, d'un événement douloureux, comme une séparation, une maladie, un deuil, un licenciement, etc.

Accepter le passé pour mieux envisager l'avenir

Comment faire pour relancer le processus de narcissisation quand il a été stoppé net dans sa construction ? Que faire pour doper votre estime de soi malgré votre blessure ? Vous n'avez pas le choix, il vous faut accepter ce passé pour mieux avancer vers l'avenir.

Pardonner, c'est se libérer d'un fardeau. Un ressentiment, un regret, une blessure ancienne, une croyance limitante, un sentiment de culpabilité... tout cela pèse lourd. Il ne s'agit pas d'absoudre tout et n'importe quoi ! Mais simplement de sortir de la crispation et de retrouver son libre arbitre, son autonomie.

- Pardonnez-vous d'avoir été blessé et de souffrir encore, à l'âge adulte, de quelques lésions. Acceptez d'avoir réagi comme vous l'avez fait pour survivre. Vous avez sauvé votre peau, et vous avez bien fait !
- Reconnaissez votre souffrance, admettez que tout cela s'est produit. Acceptez d'avoir

eu peur, d'avoir été en colère ou encore triste. Vous avez réagi en éprouvant une foule d'émotions difficiles. Ne cherchez pas à les nier, les minimiser, les expliquer.

- Prenez conscience de votre masque, de vos mécanismes de défense. Lorsqu'on a une épine dans le pied, on adapte sa démarche en fonction. Il en va de même pour cette blessure de l'âme qui vous incite à vous protéger.
- Prenez conscience de votre blessure et acceptez-la. Apprivoisez ce qui fait défaut chez vous, vos manques, vos faiblesses, votre vulnérabilité. Reconnaissez vos besoins spécifiques (reconnaissance, valorisation, protection...).
- Acceptez de pouvoir être blessé à nouveau, accordez-vous le droit d'éprouver des émotions et des sentiments. Ne cherchez pas à être stoïque en toutes circonstances. Plus vous accepterez d'être fragile, moins cette fragilité vous déstabilisera.

C'est en cessant de fuir ou de lutter contre le passé, c'est en sortant de l'immobilisme que vous pourrez avancer vers des jours plus sereins avec vous-même. Vous n'avez guère le choix que d'accepter ce que vous ne pouvez changer et de pardonner aux gens et aux événements d'avoir fait de vous ce que vous êtes.

LES 5 CLÉS DE CE CHAPITRE POUR DOPER VOTRE NARCISSISME

› Qu'un solide narcissisme se développe dès l'enfance ne veut pas dire que l'on ne peut s'atteler à la tâche et reprendre les travaux.

› Remontez le fil du temps et tâchez de mieux comprendre d'où vient votre fragilité identitaire, en hypo- ou en hyper-narcissisme. Profitez-en pour acquérir de bons réflexes si vous êtes parent.

› Considérez une bonne fois pour toutes que ce sont les expériences qui font et défont l'estime de soi.

› Reconnaissez votre blessure et prenez-en soin : repérez le manque que votre passé a engendré et le mécanisme de défense qui tente d'y pallier (le masque que vous portez).

› Pardonnez-vous, pardonnez aux autres. Il ne s'agit pas d'un conseil spirituel mais de la seule voie d'accès à de meilleurs lendemains.

Chapitre 3

Mieux se connaître et s'accepter

Comment pouvez-vous vous redécouvrir ?

« Curieux paradoxe : c'est en m'acceptant comme je suis que je peux changer. »

Carl Rogers

Nous ne nous aimons guère, c'est un fait. Mais savons-nous vraiment qui nous sommes, quel est notre tempérament, quels sont nos talents, quelle vie est faite pour nous ? Engoncés dans nos certitudes, (op)pressés par les injonctions socioculturelles, nous avons pu nous perdre de vue. Il est temps d'appuyer sur pause et d'oser poser un plus juste regard sur nous-mêmes. Découvrir qui nous sommes nous permettra de mieux nous apprécier.

SORTIR DE LA COMPARAISON ET S'ÉLOIGNER DES INJONCTIONS

Vous aimeriez évidemment être différent, plus fort, plus confiant, plus grand, beau et intelligent. Vous aimeriez vous aimer davantage et à votre juste valeur, et c'est la raison pour laquelle vous lisez ce livre. Mais sachez que ce sont-là deux projets, deux objectifs totalement différents. L'un fonctionne, l'autre pas.

En effet, vous ne vous aimerez pas davantage en cherchant à devenir un autre, en attendant d'être « parfait ». C'est peine perdue : la perfection, rappelons-le, n'existe pas ! En revanche, c'est en vous appréciant tel que vous êtes que vous serez plus fort et plus confiant. Et aussi, grand, beau et intelligent ? Cela, personne ne peut vous le promettre ! Vous ne pouvez pas exiger de vous d'incarner l'idéal de soi ou le soi idéal. Ces concepts sont des images, des représentations de vous-même.

IDÉAL DE SOI OU SOI IDÉAL ?

Ce sont des termes que vous avez probablement déjà rencontrés au fil de vos lectures. Mais que sont donc ces notions, elles aussi issues de la psychanalyse ? Pour faire court, nous pouvons dire que le « moi idéal », c'est le moi narcissique, présent dès les premières années de vie, caractéristique de la toute-puissance infantile et des identifications à des personnages fabuleux ou prestigieux ; l'enfant est à lui-même son propre idéal : « Je m'aime et je peux tout ». Ensuite, il se heurte au principe de réalité et expérimente la limite, la frustration . Alors s'élabore « l'idéal du moi », un moi qui se compare et se construit par rapport à une idéalisation de soi ; le credo devient : « Je voudrais tout pouvoir ». Ces précisions faites, retenez que l'idéalisation de soi reste du domaine... de l'idée, comme son nom l'indique. C'est un fantasme, une projection, qui n'opèrent pas vraiment en votre faveur.

Il vous faut donc parvenir à vous estimer, là, maintenant, tout de suite, sans attendre d'atteindre des critères par ailleurs parfaitement subjectifs. Si la société valorise en effet les gens sûrs d'eux, les gagnants, les fonceurs, et fait la part belle au narcissisme triomphant, vous n'êtes pas tenu d'incarner les valeurs prônées par notre culture un peu partisane : individualisme, réussite, culte de l'image, toute-puissance...

Comment tempérer ce désamour de soi, lié en grande partie aux injonctions socioculturelles ? Changer la société et ses diktats est un projet peu réalisable, vous vous en doutez. En revanche, ce qui est possible, ce dont nous sommes capables, c'est de changer une bien mauvaise habitude : la comparaison avec les autres. Avez-vous remarqué que, plus vous estimez que le voisin ou la collègue est « plus ceci, moins cela, mieux finalement », plus votre estime de soi vacille ?

Évidemment, nous prenons tous pour modèles ceux qui nous entourent, et ce, dès le plus jeune âge. Nous avons besoin de repères, d'identifications pour nous construire. Le hic, c'est qu'à force de chercher à l'extérieur ce qui, pensons-nous, nous manque, à force de vouloir égaler les plus brillants (soi-disant), nous passons à côté de notre potentiel intérieur.

Surtout, c'est extrêmement douloureux. Car la comparaison s'opère toujours à notre détriment. C'est une logique imparable, une mécanique bien huilée : nous manquons d'estime de soi, nous pensons que les autres sont bien mieux, nous le vérifions en nous comparant toujours à notre désavantage, nous doutons de nos capacités, et donc, bingo ! nous fragilisons plus encore notre narcissisme.

VICTOIRE, 31 ANS

« LES MÈRES PARFAITES ME RAPPELLENT QUE JE SUIS EN DESSOUS DE TOUT »

« C'est un réflexe chez moi. Je ne peux m'empêcher d'admirer les autres, les femmes surtout, quand elles sont belles, élégantes, quand elles réussissent, connaissent le succès, quand tout leur semble simple et naturel. Le plus difficile, et le plus décourageant, ce sont les mères parfaites qui me rappellent que je suis en dessous de tout. Un exemple ? Au parc. Elles restent calmes, parviennent à se faire obéir, trouvent les bons mots, la bonne attitude, leurs enfants sont parfaits. Mes jumeaux, eux, ne sont pas si conciliants ! Et je suis certaine que c'est à cause de moi. J'ai lu beaucoup de conseils sur la pédagogie positive et bienveillante, et j'essaye de les appliquer. Mais je ne me fais pas confiance, je crois. Je m'estime toujours inférieure aux autres. Et ça aussi, c'est dur… Parce que, parfois, j'en viens à penser que mes enfants seraient plus heureux avec une autre mère. »

Comment enrayer le processus ? Comment ne pas se sentir en dessous de tout quand les autres réussissent si bien ? Il s'agit de revenir à soi. Sachez que ce sentiment d'imperfection devant la supposée puissance des autres ne vient pas des autres justement, mais de vous. Il a toujours à voir avec la valeur que vous vous accordez (revue à la baisse) et celle dont vous dotez les autres (excessive).

Finalement, tout cela ressemble à des vases communicants ! Plus vous valorisez les autres, plus vous vous dévalorisez vous-même. Attention ! Il ne s'agit pas non plus de dévaloriser votre entourage, de traiter vos proches d'imbéciles et d'incapables. Non, vous ne vous sentirez pas mieux. En revanche, si vous perdez l'habitude de vous mettre en compétition, il y a fort à parier que vous en sortirez soulagé.

Doper son narcissisme, c'est avant tout s'occuper de soi ! Et non plus des autres. Alors, éloignez-vous de leurs supposées performances pour vous concentrer sur les vôtres. Et souvenez-vous que tout un tas de gens lorgnent sur elles, eux aussi pris au piège de cette course à la comparaison.

ENTREVOIR SES FORCES POUR S'ACCEPTER TEL QUE L'ON EST

Il s'agit donc de s'aimer tel que l'on est, sans se soumettre aux injonctions socioculturelles et/ou personnelles. Soit. Mais concrètement comment faire quand on n'a pas appris, quand on n'a aucune idée de ses talents, de sa beauté intérieure ?

Peut-être d'abord en reconnaissant que l'être humain est doté d'une multitude de qualités et pas seulement de celles que porte aux nues la société !

Les psychologues Martin Seligman et Christopher Peterson* ont identifié vingt-quatre « forces de caractères », des qualités humaines qui ont traversé les siècles et les cultures, des atouts indéniables, donc. Car l'individualisme et la toute-puissance ne sont pas les seules compétences enviables sur cette Terre !

---

*Martin Seligman et Christopher Peterson comptent parmi les pionniers de la psychologie positive, une branche de la psychologie qui s'intéresse à ce qui rend les êtres humains plus heureux et résilients, au lieu de se concentrer avant tout sur les pathologies psychiques. Voir aussi chapitre 6.

D'après cette étude, ces valeurs universelles, regroupées en six catégories de « grandes vertus », sont les suivantes :

Sagesse et connaissance

Ces capacités cognitives favorisent l'acquisition et l'usage de la connaissance.

- **La créativité.** L'art et la manière de trouver des façons originales et productives de faire les choses. Cette qualité s'applique à des réalisations artistiques, mais pas seulement.
- **La curiosité.** S'intéresser au monde, avoir envie d'explorer et de découvrir. C'est la capacité de trouver de l'intérêt en toute chose.
- **L'ouverture d'esprit.** Être capable d'écouter, de réfléchir, de changer d'avis, de prendre du recul et, surtout, d'éviter les projections et les conclusions hâtives.
- **L'amour de l'apprentissage.** L'envie d'acquérir de nouvelles compétences, d'en savoir davantage sur tel ou tel sujet, d'aborder de nouveaux domaines de connaissance.
- **La sagesse.** Considérer que la vie a du sens et être en mesure de donner des conseils avisés.

Courage

Ces capacités émotionnelles impliquent la volonté à atteindre nos objectifs en dépit des obstacles, internes et externes.

- **La bravoure.** Être capable de ne pas reculer devant la menace, les difficultés ou la douleur ; défendre ce qui est juste envers et contre tous ; agir selon ses convictions, même si c'est impopulaire. Cela inclut le courage physique, mais ne s'y limite pas.
- **La persévérance.** Finir ce que l'on commence, persister malgré les aléas, mener à bien une tâche.
- **L'intégrité.** Être authentique, dire la vérité, ne pas se cacher, être responsable de ses sentiments comme de ses actes.
- **La vitalité.** Faire preuve d'enthousiasme et d'énergie, se sentir vivant, ne pas faire les choses à moitié.

Humanité

Ces capacités interpersonnelles supposent d'aller vers l'autre, de lui venir en aide, de nouer des liens.

- **L'amour.** Éprouver des sentiments, valoriser des relations étroites, partager de l'affection.
- **La gentillesse.** Rendre des services, faire de bonnes actions, aider les autres, prendre soin d'eux.
- **L'intelligence sociale.** Être conscient des motivations et des sentiments (des siens propres et de ceux des autres), tenir compte des différents contextes et comprendre ce qui nous anime.

Justice

Ces capacités civiques sont à l'origine d'une vie sociale harmonieuse.

- **Le travail en groupe.** La civilité, la capacité à travailler ensemble. Il s'agit d'avoir l'esprit d'équipe et de donner de soi-même.
- **Le sens de l'équité.** Traiter chacun de façon juste et équitable, ne pas se laisser influencer par ses sentiments personnels.
- **Le leadership.** Encourager le groupe dont on fait partie à aller de l'avant, être capable de le motiver, de maintenir de bonnes relations collectives.

Tempérance et modération

Ces capacités personnelles protègent contre les excès.

- **Le pardon.** Pouvoir pardonner à ceux qui ont mal agi, mais aussi accepter leurs défauts, leur donner une seconde chance, abandonner l'idée de vengeance.
- **La modestie.** Ne pas se mettre en avant, ni se prendre pour le nombril du monde. C'est aussi ne pas se vanter, laisser ses succès parler d'eux-mêmes.
- **La prudence.** Être prudent dans ses choix, ne pas prendre de risques inutiles et ne pas dire ou faire des choses que l'on pourrait regretter par la suite.
- **La maîtrise de soi.** Rester maître de ses sentiments et de ses actes, réguler ce que l'on ressent, dit ou fait et faire preuve de discipline personnelle.

Transcendance

Ces capacités spirituelles favorisent l'ouverture à une dimension universelle et donnent un sens à la vie.

- **L'appréciation de la beauté.** Remarquer et apprécier la beauté, l'excellence et/ou la performance dans tous les domaines de la vie.
- **La gratitude.** Être conscient et reconnaissant des bonnes choses qui se produisent. C'est aussi prendre le temps de dire merci.
- **L'optimisme.** Attendre le meilleur de l'avenir et y travailler. C'est penser que l'on est responsable de son bonheur futur.
- **L'humour.** Aimer rire, voir le bon côté des choses, être souriant et oser la plaisanterie, la malice.
- **La spiritualité.** Reconnaître sa place dans le monde, croire au sens de la vie, en tirer un certain réconfort et en déduire une ligne de conduite.

Toutes ces qualités humaines sont inspirantes, n'est-ce pas ? Alors, plutôt que de vouloir incarner quelqu'un que vous n'êtes pas, notez les cinq capacités qui vous paraissent familières et que vous aimeriez développer davantage (vous, et non le voisin ou la bien-pensance...) :

- **Capacité n° 1** ....
- **Capacité n° 2** ....

- **Capacité n° 3** ....
- **Capacité n° 4** ....
- **Capacité n° 5** ....

S'INTERROGER POUR (RE)DÉCOUVRIR SA PERSONNALITÉ

Vous êtes désormais concentré sur vous et non plus seulement sur les autres, et c'est déjà un grand pas. Il est temps maintenant d'apprendre à mieux vous connaître, pour ensuite mieux vous aimer. Vous haussez les épaules en vous disant que vous vous connaissez par cœur depuis le temps que vous vous fréquentez vous-même ! Sans doute. Mais il ne coûte rien d'aller au-delà de vos croyances et de vos projections sur vous-même, non ?

Pour nous aider à y voir clair, nous pouvons nous inspirer de Carl Gustav Jung, célèbre psychanalyste. Disciple enthousiaste de Freud, il finira pourtant par s'éloigner de la théorie élaborée par le maître pour mener sa propre enquête dans le vaste champ de l'inconscient. Et ses travaux l'ont amené à distinguer huit types de personnalités distinctes.

Il y aurait, selon lui, **quatre fonctions essentielles chez l'individu** : la réflexion (la capacité de penser), le sentiment (la capacité de ressentir), la perception (la capacité de sentir) et l'intuition (la capacité de pressentir). Par ailleurs, il y aurait **deux formes de caractères** : l'un plutôt extraverti, l'autre plutôt introverti. Faites le calcul et vous obtenez donc huit types de personnalités*, avec leurs immenses qualités et leurs petits défauts.

Évidemment, vous pouvez passer l'un des tests disponibles sur le Net (plus ou moins gratuitement...) pour savoir à quelle catégorie vous appartenez. Vous pouvez par exemple choisir le Myers Briggs Type Indicator (MBTI), une méthode mise au point dans les années 1960 par Isabel Briggs Myers et Katherine Cook Briggs, et largement inspirée des travaux de Jung. Vous obtiendrez pour résultat un acronyme de quatre lettres qui vous servira... ou pas.

Attention, il ne s'agit pas de vous faire entrer dans une case ! D'abord, Jung n'est pas le seul à avoir réfléchi aux types de personnalités

---

* Cette « classification » du genre humain compte parfois 16 types de personnalités en fonction d'un troisième paramètre plus complexe.

humaines. Si nous avons choisi de nous arrêter sur son travail, c'est parce qu'il nous paraît inspirant. Mais, surtout, Jung lui-même avait admis qu'il est impossible d'être soit complètement extraverti, soit complètement introverti. Souvent, nous sommes « un peu des deux »...

Alors pourquoi en parler ? Parce que lire de telles descriptions vous permet de vous interroger sur vous-même, de vous regarder, de réfléchir à qui vous êtes. Et c'est un pas de géant. Nous avons perdu l'habitude de nous remettre en question, tellement convaincus d'être ceci ou cela. Peut-être mais peut-être pas, après tout. S'interroger, s'arrêter un instant sur soi, c'est ouvrir une fenêtre, s'offrir d'autres possibilités. C'est apprendre à se (re)découvrir pour ensuite mieux apprécier son caractère.

Revenons donc à notre typologie. Voyez-la comme un miroir bienveillant qui vous renseigne sur vous-même. Ne vous jugez pas, mais simplement réfléchissez. Alors...

- **Êtes-vous plutôt extraverti ?** « Pour une personne extravertie, c'est le monde extérieur qui prime, explique la psychanalyste

Viviane Thibautier*. Toute son énergie est dirigée vers celui-ci. De même, elle se nourrit de l'énergie qui émane de ses interactions avec autrui, les événements, le monde. »

- **Êtes-vous plutôt introverti ?** « Pour la personne introvertie, en revanche, le monde intérieur est ce qu'il y a de plus important et ce qui la nourrit, poursuit la spécialiste. Ce sont ses pensées, ses réflexions et ses émotions qui lui procurent l'énergie vitale dont elle a besoin, alors que son énergie alimente en retour son monde intérieur. »

Quant aux quatre fonctions qui sont complémentaires des deux types fondamentaux, sachez qu'ils « s'opposent deux à deux », ce qui simplifiera votre choix ! Alors...

- **Êtes-vous plutôt « pensée » ou « sentiment » ?** Ces deux fonctions rationnelles « évaluent », la première de façon « objective », la seconde de façon « subjective ».
- **Êtes-vous plutôt « sensation » ou « intuition » ?** Ces deux fonctions non rationnelles « perçoivent », la première se fiant aux informations reçues des cinq sens, la seconde

* *100% Jung*, Eyrolles, 2011.

plutôt tournée vers ce que l'on nomme « le sixième sens ».

Encore une fois, il ne s'agit pas de vous cataloguer. Mais seulement de vous questionner, de vous montrer curieux vis-à-vis de vous-même. Vous êtes digne d'intérêt, n'est-ce pas ? Alors pourquoi ne pas vous en témoigner ?

SE RECONNAÎTRE À SA JUSTE VALEUR, DONC DOTÉ DE QUALITÉS

Une fois votre personnalité mieux repérée, vous aurez libéré de l'espace pour une petite autopromotion qui s'impose. Il s'agit maintenant de vous reconnaître quelques qualités car non, vous n'avez pas que des défauts. Le problème, c'est que ce n'est sûrement pas un exercice facile pour vous – sauf si vous souffrez d'un narcissisme légèrement excessif, auquel cas vous êtes exempté de l'exercice qui va suivre.

En effet, pour beaucoup d'entre nous, repérer ses points forts, ses compétences, ses capacités, bref, ce qui nous caractérise le mieux et qui est positif, n'est pas facile. Voici donc un petit exercice ludique qui devrait au moins vous faire sourire et cogiter un peu. Il s'agit de faire votre abécédaire.

Munissez-vous d'une feuille et d'un crayon (plus pratique qu'un stylo, car vous pourrez gommer vos premières notes, rectifier, ajouter, préciser). Écrivez les lettres de votre prénom, puis celles de votre nom de famille, verticalement. À chaque lettre, faites correspondre un adjectif qui vous correspond (ou qui correspond à ce que vous percevez de vous). Attention ! Ces mots doivent représenter une aptitude ou une capacité, un talent que vous avez envie de mettre en avant. Par exemple :

C ... Chaleureuse
A ... Amicale
R ... Réaliste
O ... Organisée
L ... Loyale
I ... Inspirée
N ... Normale
E ... Économe

M ... Méticuleux
A ... Attentionné
R ... Raisonnable
T ... Travailleur
I ... Intègre
N ... Naturel

Si vous séchez côté vocabulaire, n'hésitez pas à faire un petit tour sur Internet. Tapez « liste des qualités humaines » sur votre moteur de recherche préféré et Oh ! surprise, vous constaterez qu'il y a, selon les sites qui les répertorient, jusqu'à 200 talents ! Vous arriverez bien à trouver les vôtres, c'est certain.

Conservez précieusement cet abécédaire, mettez-le dans votre portefeuille, affichez-le sur le frigo ou cachez-le dans le tiroir de votre table de nuit. Et laissez-le vous transmettre de bonnes énergies.

ÉMILIE, 40 ANS

« PRENDRE LE TEMPS DE SE REGARDER ET DE SE VALORISER, ON NE SE L'AUTORISE PAS »

« Il y a quelques mois, j'ai passé un bilan de compétences. Et ça n'a pas été facile ! Surtout lorsque j'ai dû parler de mes atouts et raconter mes moments de gloire professionnels ! Mais ça a été très instructif pour moi. D'abord, parce que c'était bien la première fois que je me posais la question ou plutôt que quelqu'un me demandait d'y réfléchir. On vit comme ça, en se laissant bercer par les événements qui se succèdent et on ne se demande pas ce qu'on vaut, ce qu'on mérite. Je trouve ça bien de prendre le temps de se regarder et de se valoriser, on n'en a pas souvent l'occasion. Et puis, je me suis aperçu que, finalement, c'était assez compliqué de se reconnaître des talents. Comme si on ne se l'autorisait pas, on préfère rester modeste. Du coup, c'est à mon mari que

> j'ai demandé quelles étaient mes qualités ! Et le lendemain, à deux amies d'enfance qui me connaissent bien. Ça a été comme une révélation. Leur verdict : courageuse, sensible et respectueuse. Et je l'avoue, j'étais heureuse de l'entendre. »

AVOIR UN PROJET DE VIE COHÉRENT

Votre blessure, votre personnalité, vos qualités… Place maintenant à votre projet de vie ! Un bien grand mot, un sacré défi, nous direz-vous. Mais là encore, c'est en vivant en cohérence avec vos valeurs que vous pourrez améliorer votre estime de soi.

Pour cette partie, nous avons fait le choix (arbitraire à nouveau, ne nous en veuillez pas !) d'une méthode qui fonctionne formidablement bien et qui nous vient du Japon. Il s'agit de découvrir son ikigaï (ou *ikigai*), c'est-à-dire ce qui nous anime, ce qui nous meut, ce qui nous passionne et nous enthousiasme. Bref, ce pour quoi on se lève le matin.

Selon Hector García et Francesc Miralles, auteurs d'une passionnante enquête dont ils ont rendu compte dans un livre*, l'ikigaï est « pour chacun le sens de sa vie, le moteur de son existence, la boussole qui oriente ses choix. Il résulte d'un savant équilibre entre nos passions, notre rapport au monde, nos besoins et notre travail. D'après les Japonais, nous possédons tous un ikigaï – qui évolue à chaque étape de notre vie –, même si nous n'en avons pas conscience ».

Parfait, c'est ce qu'il nous faut ! Mais comment découvrir notre « mission de vie » alors que nous sommes débordés par le quotidien, enchaînés par nos automatismes, inhibés par nos croyances et nos peurs ? Selon Christie Vanbremeersch, auteure d'un autre livre sur le sujet**, votre *ikigai* « se trouve là, à la croisée de quatre chemins : ce que vous adorez faire, ce dont le monde a besoin, ce pour quoi vous pouvez être payée, et ce pour quoi vous êtes douée ». Il vous faut donc réfléchir à ces quatre domaines en vous posant des questions et en vous munissant, là encore, d'un petit carnet pour y noter vos réponses. Quel genre de questions ? Celles-ci :

---

* *Ikigaï. Le secret des Japonais pour une vie longue et heureuse*, Fleuve Éditions, 2017.

** *Trouver son ikigaï. Vivre de ce qui nous passionne*, First, 2018.

- J'en suis où aujourd'hui ?
- Qu'est-ce que je désire vraiment ?
- Quelles sont les valeurs auxquelles je tiens par-dessus tout ?
- Comment m'occuper bien de moi et des autres ?
- À quoi je dis oui, à quoi je dis non ?
- Qu'est-ce qui m'intrigue, me rend curieux ?
- Qu'est-ce qui m'apporte de la joie ?
- Qu'est-ce que j'envie chez les autres ?
- Qu'est-ce que je fais facilement ?
- Quel service pourrais-je rendre, voire vendre, à qui ?
- Quels étaient mes rêves d'enfant ? Que suscitent-ils en moi aujourd'hui ?

Il ne s'agit pas d'envoyer tout promener du jour au lendemain, ni de donner votre démission pour vous mettre à votre compte en fonction de ce tout nouveau, tout beau projet de vie ! Mais, plus simplement, de prendre conscience de ce qui vous anime et de faire vivre davantage au quotidien vos valeurs.

L'ikigaï, d'après les Japonais, change au fil de l'existence : il n'est pas le même à 7 ans et à 77 ans. Voilà pourquoi il convient de mener cette enquête régulièrement. L'important est de rester en lien avec lui, en harmonie, pour que notre vie ait un sens. Cette méthode est d'ailleurs beaucoup utilisée par les coachs pour aider leurs clients à repérer leurs talents et redéfinir leur vocation.

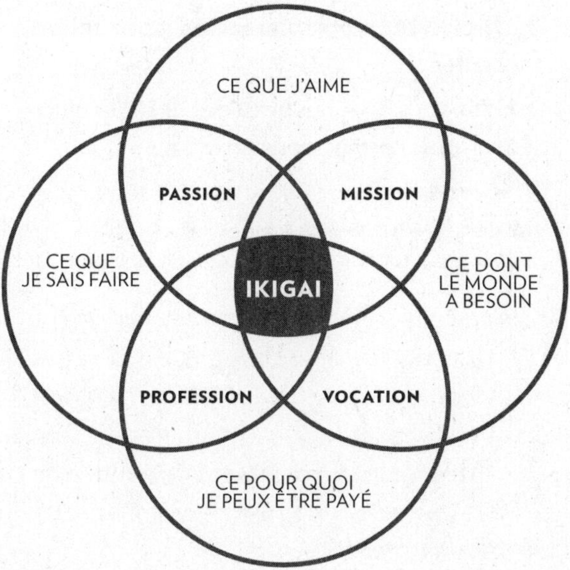

LES 6 CLÉS DE CE CHAPITRE POUR DOPER VOTRE NARCISSISME

› Ne vous comparez pas aux autres ; ils seront toujours meilleurs que vous. Enfin... d'après vous.

› N'attendez pas d'être un autre pour vous aimer ; acceptez-vous tel que vous êtes.

› Éloignez-vous des injonctions socioculturelles qui jouent en votre défaveur ; l'être humain est doué de nombreuses capacités, pas seulement celles qui sont à la mode.

› Découvrez votre caractère pour mieux l'accepter.

› Dites-vous que vous possédez de belles qualités car c'est certain, vous en avez.

› Soyez en harmonie avec vos valeurs et repérez ce qui vous anime ici-bas.

Chapitre 4

Faire de son corps un allié

Comment retrouver de bonnes sensations ?

« La paix commence quand nous prenons soin chaque jour de notre corps et de notre esprit. »

Thich Nhat Hanh

Il est probablement le grand perdant, le laissé-pour-compte, la dernière roue du carrosse, le cadet de nos soucis. Qui ? Notre corps, pardi ! Très occupés à travailler sur notre relation à nous-même et aux autres, nous ne faisons pas grand cas de notre enveloppe physique. Et pourtant, c'est grâce au corps que nous allons commencer notre travail concret de *renarcissisation* ! Parce qu'il ne nous juge pas lui, il ne demande qu'à jouer en notre faveur.

SE CHOUCHOUTER

Lorsque nous souffrons d'une fragilité narcissique, nous manquons souvent de confiance. Nous avons littéralement du mal à nous « fier » à nous-mêmes. Or le meilleur moyen de gagner un peu de cette confiance est de revenir au corps, aux belles et bonnes sensations que celui-ci est enclin à nous offrir. Nous n'y pensons pas toujours, tant nous avons pris l'habitude de le mettre de côté, pourtant ce corps est parfaitement « fiable », bien plus que notre esprit, qui, lui, divague régulièrement !

Un petit bilan

Avant d'explorer tout ce que nous pouvons faire pour nous réconcilier avec ce corps que, au mieux, nous nions et que, au pire, nous maltraitons, il convient de faire un petit bilan. Prenez-vous soin de vous sur un plan physique ? Répondez par oui ou par non aux questions suivantes :

1. Pensez-vous avoir un régime alimentaire équilibré ?

❒ Oui ❒ Non

2. Faites-vous du sport ou pratiquez-vous une activité physique régulière ?

❒ Oui ❒ Non

3. Prenez-vous le temps de vous soigner au quotidien ?

❒ Oui ❒ Non

4. Avez-vous des relations sexuelles satisfaisantes ?

❒ Oui ❒ Non

5. Dormez-vous suffisamment ?

❒ Oui ❒ Non

6. Votre poids vous convient-il ?

❒ Oui ❒ Non

7. Savez-vous respirer correctement ?

❒ Oui ❒ Non

8. Connaissez-vous votre état de santé général ?

❒ Oui ❒ Non

9. Fumez-vous ?

❒ Oui ❒ Non

10. Buvez-vous plus de trois verres de vin par jour (ou équivalent) ?

❒ Oui ❒ Non

11. Consommez-vous beaucoup de médicaments ?

❐ Oui ❐ Non

12. Avez-vous recours à des somnifères ?

❐ Oui ❐ Non

13. Prenez-vous des anxiolytiques ?

❐ Oui ❐ Non

14. Mangez-vous trop ou pas assez ?

❐ Oui ❐ Non

15. Souffrez-vous de petits troubles physiologiques récurrents ?

❐ Oui ❐ Non

16. Vous sentez-vous fatigué ?

❐ Oui ❐ Non

Ne soyez pas atterré si vous avez répondu non aux huit premières questions et oui aux huit dernières. Ce questionnaire n'a pas pour objectif de vous culpabiliser ! Simplement de vous faire entendre que, peut-être, vous ne prenez pas assez soin de vous d'un point de vue purement physiologique.

Et ne vous en blâmez pas. Quand on ne s'apprécie pas à sa juste valeur, il est difficile de bien s'occuper de soi, de bien veiller sur soi. Sachez pourtant que plus vous vous chouchouterez, plus votre corps vous le rendra ! Changer de comportement vis-à-vis de son corps est assez facile, bien plus facile que de changer son état d'esprit, ses peurs et ses croyances ! Il suffit finalement de le décider.

Que pourriez-vous entreprendre pour favoriser le bon fonctionnement de votre corps ? Quelles pourraient être vos bonnes résolutions ?

- Côté alimentation ?
- Côté sommeil ?
- Côté sexualité ?
- Côté respiration ?
- Côté digestion, élimination ?

Tout être humain a des besoins dits « fondamentaux », des besoins de sécurité, d'identité, d'appartenance, de réalisation de soi, etc. Mais les premiers d'entre eux sont les besoins physiologiques, c'est-à-dire manger, boire, dormir, respirer, éliminer. Ce n'est qu'une fois ces besoins satisfaits, donc une fois que le corps fonctionne bien, que l'individu peut s'occuper de la suite de la pyramide. Vous devez donc prendre soin de la base avant de grimper plus haut !

FAVORISER SON BIEN-ÊTRE PHYSIQUE

De mauvaises expériences corporelles, des sensations douloureuses, peuvent avoir fragilisé notre narcissisme. Mais il ne tient qu'à nous de réenclencher une spirale vertueuse en multipliant des sensations positives, constructives. Nous ne pouvons pas travailler à nous aimer davantage sans apprécier aussi, et peut-être même avant tout, notre dimension corporelle, physique.

Pour renouer avec ce corps, pour en faire l'expérience et vous (re)mettre à l'écoute de vos sensations, il va vous falloir… bouger ! Bouger pour ressentir. Plus vous éprouverez de plaisir purement corporel, plus vous l'aimerez et en prendrez soin. Or, puisque votre corps, c'est vous, vous comprenez où nous voulons en venir !

NICOLAS, 48 ANS

« LE SPORT M'A AIDÉ À REMONTER LA PENTE »

« Il y a quatre ans, ma femme et moi étions en pleine séparation. Autant vous dire que ce n'était pas la joie à la maison. J'avais perdu confiance en moi. Honnêtement, j'ai commencé à courir parce que c'était une excuse pour sortir de l'appartement

> et m'échapper de l'ambiance délétère qui y régnait. Je n'avais jamais fait de sport auparavant, considérant, comme toute ma famille d'intellos, qu'il valait mieux avoir une tête bien faite qu'un corps de rêve... Mais très rapidement, j'ai ressenti d'autres bénéfices. Le sport m'aidait à remonter la pente. Après avoir couru, je me sentais toujours vivant, plutôt fier, plutôt heureux, à la fois apaisé et reboosté, bien dans mes baskets ! Le running me forçait à respirer correctement, moi qui étais toujours en apnée, je ne réfléchissais pas, j'avançais, un pas après l'autre, comme si cela canalisait toute ma déception et ma colère. Je dormais mieux aussi, j'apprenais à écouter mon corps, à repérer quand il était fatigué ou tendu. Aujourd'hui, je suis divorcé et je cours toujours. Mon rêve ? Le marathon ! »

Vous doutez de tels bénéfices ? Sachez pourtant que de nombreuses études ont objectivé les bienfaits de l'activité physique. En effet, une pratique régulière permet :

- de réduire le stress et d'améliorer l'humeur ;
- de favoriser la confiance en soi ;
- de relever le niveau d'estime de soi ;
- de donner une vision plus positive de l'existence ;

- de gagner en énergie ;
- de renforcer le système immunitaire ;
- de chasser les pensées toxiques.

Eh oui ! Quand la rumination psychique domine, mieux vaut chausser ses baskets que rester sur son canapé. En faisant du sport, votre corps produit des endorphines, des neurotransmetteurs qui sont de puissants anti-douleurs, de la dopamine, l'hormone du plaisir, et de la noradrénaline, l'hormone du stress, certes, mais celle donne le goût de l'effort et motive.

Alors... Qu'est-ce qui vous tente ?

- ❐ Natation
- ❐ Vélo
- ❐ Running
- ❐ Yoga
- ❐ Pilates
- ❐ Aquagym
- ❐ Escalade
- ❐ Tennis
- ❐ Danse
- ❐ Gymnastique
- ❐ Boxe
- ❐ Football
- ❐ Arts martiaux
- ❐ Autre

Inutile cependant de vous lancer dans la préparation d'un marathon comme notre témoin – quoi que... Sortez de la compétition avec vous-même, optez pour des objectifs SMART

(Spécifique, Mesurable, Atteignable, Réaliste et Temporairement défini). Et sachez que marcher reste la première des activités sportives. Descendre du bus ou sortir du métro à la station précédente est un but parfaitement louable qui vous permettra :

1. d'être fier de vous ;
2. de rester motivé.

De quoi favoriser votre estime de vous-même à peu de frais et d'efforts.

METTRE LE CORPS AU REPOS

S'il est important que vous repreniez une activité physique, non pour ressembler aux canons de beauté, mais simplement pour vous sentir plus « vivant », pour vous sentir exister, il est tout aussi fondamental que vous puissiez apaiser votre corps quand une tension survient. Or, quand on manque d'estime de soi, les contrariétés semblent pleuvoir et le stress monte vite !

PRENDRE LE TEMPS

Pour être à l'écoute de votre corps, il va vous falloir bouger, certes, mais aussi ralentir. Tal Ben-Shahar*, enseignant et spécialiste de la psychologie positive, conseille vivement « d'en faire moins, pas toujours plus » et suggère de commencer par « nous résoudre à couper notre téléphone pendant deux heures pour nous ménager des moments de concentration et des plages de repos ». Il est urgent de sortir de l'urgence ! C'est l'un des bons moyens de revenir à soi. Mais comment choisir la lenteur quand nous sommes tous si pressés ? Pour le journaliste canadien Carl Honoré**, auteur d'un livre sur le sujet, « cette philosophie peut être résumée en un seul mot : équilibre. Allez vite lorsqu'il est logique de le faire. Et allez lentement lorsque la lenteur s'impose. Cherchez à vivre à ce rythme que les musiciens appellent le *tempo giusto* – la "bonne cadence". » Libre à vous, en fonction de vos priorités, de faire des pauses le matin, le soir, pendant le week-end. Cinq minutes, une heure, voire une journée !

Voici trois méthodes qui ont fait leurs preuves en matière d'apaisement corporel : la relaxation, la méditation et la sophrologie.

* Tal Ben-Shahar, *L'Apprentissage du bonheur*, Belfond, 2008.
** Carl Honoré, *Éloge de la lenteur*, Marabout, 2013.

La relaxation

Proposée par de nombreux praticiens expérimentés, la relaxation permet de détendre le corps et d' apaiser ainsi le mental. Ses indications sont doubles :

- elle permet d'abord de garder son calme quand la situation nous échappe, voire dérape complètement. En agissant ainsi sur le corps, on parvient à mieux gérer la tempête et éviter l'escalade ;
- elle améliore la qualité du repos, que ce soit le sommeil, la sieste, ou cinq minutes volées dans la journée pour recharger ses batteries. On récupère plus vite et mieux lorsque le corps est relâché.

Elle suppose généralement un travail sur la respiration, la prise de conscience du corps, le relâchement musculaire et la visualisation, que vous pouvez apprendre auprès d'un spécialiste. Mais vous pouvez aussi tenter deux expériences à la maison, deux méthodes couramment utilisées en relaxation.

La méthode de Jacobson

Il s'agit d'induire volontairement une tension spécifique à un groupe de muscles (sans que cette tension soit douloureuse), de maintenir cette tension pendant 5 secondes, puis de la relâcher.

- Serrez le poing. Relâchez.
- Tendez vos biceps. Relâchez.
- Plissez le front en remontant les sourcils. Relâchez.
- Froncez les sourcils comme si vous vouliez qu'ils se touchent. Relâchez.
- Fermez les yeux très forts. Relâchez.
- Serrez la mâchoire comme si vous mordiez. Relâchez.
- Serrez les lèvres en les pressant l'une sur l'autre. Relâchez.
- Poussez la tête le plus possible vers l'arrière. Relâchez.
- Pressez le menton contre votre poitrine. Relâchez.
- Remontez les épaules. Relâchez.

La méthode de Schultz

Appelée aussi « training autogène de Schultz », cette forme de relaxation s'apparente à l'autohypnose. Elle se déroule en cinq ou six étapes :

- Visualisez mentalement tous vos muscles en train de se détendre, en partant de la tête jusqu'aux pieds. Imaginez une sensation de lourdeur, de pesanteur de la partie du corps sur laquelle vous vous concentrez.
- Visualisez maintenant une impression de chaleur, douce et agréable, toujours en partant de la tête vers les pieds. Cette chaleur est liée à l'augmentation de la circulation sanguine dans la partie du corps sur laquelle vous portez votre attention.
- Concentrez-vous cette fois sur vos organes internes, les poumons, le foie, l'estomac, les intestins, etc. et tâchez de leur communiquer cette sensation de chaleur, de détente.
- Prenez conscience de votre rythme cardiaque. Ne cherchez pas à le ralentir ou à l'accélérer. Simplement, soyez à l'écoute.
- Prenez maintenant conscience de votre respiration. Ne cherchez pas non plus à la contrôler mais apaisez-la jusqu'à ce qu'elle devienne ample et lente.

Dans la méthode originelle du docteur Schultz, il existe une dernière étape qui consiste à refroidir le front et la tête. Cette étape doit être abordée avec prudence, car elle peut provoquer des migraines.

La méditation

Vous en avez très probablement entendu parler tant elle est devenue une pratique à la mode. La méditation dite de pleine conscience, autrement appelée *Mindfulness*, suppose de « diriger son attention d'une certaine manière, c'est-à-dire délibérément, au moment présent, sans jugement de valeur », pour reprendre la définition de Jon Kabat-Zinn qui a développé le premier programme de pleine conscience* dans les années 1970.

Bien souvent, nous fonctionnons en « pilotage automatique » et nous ne vivons pas dans l'ici et maintenant : nous anticipons un futur hypothétique, nous ruminons sur le passé, nous refusons la réalité qui se présente et qui n'est pas conforme à ce que nous attendons. Tout

* Programme MBSR, pour *Mindfulness-Based Stress Reduction* (« Réduction du stress basée sur la pleine conscience »).

cela alimente nos frustrations, voire notre souffrance. La méditation de pleine conscience invite à être attentif à l'expérience immédiate, qu'elle soit agréable, désagréable ou neutre : sensations corporelles, émotions, pensées, tendances à l'action et réactions, perceptions sensorielles. Et mine de rien, cette attention calme l'activité mentale. Le méditant parvient à mieux gérer ce qui le traverse.

Un autre programme, mis au point par Zindel Segal et ses collègues de l'université de Toronto dans les années 1990*, offre une approche plus « thérapeutique ». L'objectif, ici, est de mieux comprendre le fonctionnement de l'esprit et de considérer les pensées comme de simples productions psychiques (et non une réalité !) Il s'agit de repérer ce qu'une pensée toxique déclenche en termes de réactions corporelles, d'émotions difficiles, de ruminations psychiques et donc de comportements inadéquats (la fuite ou la lutte, par exemple).

Vous pouvez suivre l'un ou l'autre de ces programmes pour vous initier à la pleine conscience auprès d'un formateur dûment

* Programme MBCT, pour *Mindfulness-Based Cognitive Therapy* (« Thérapie cognitive basée sur la pleine conscience »).

qualifié. Mais vous pouvez aussi inviter son grand principe dans votre quotidien, lorsque vous marchez pour aller au bureau, quand vous déjeunez avec vos enfants, quand vous prenez une douche, etc. Soyez présent, soyez vraiment là, à l'écoute de ce qui se passe en vous et évitez tout commentaire. Comme le suggère Fabrice Midal avec malice : « Cessez de méditer ; ne faites rien*. » C'est ainsi que vous méditerez !

Initialement développées pour réduire le stress et prévenir des rechutes dépressives, les indications de la méditation de pleine conscience sont aujourd'hui plus larges : anxiété, douleurs chroniques, troubles du sommeil ou de l'alimentation, gestion de l'impulsivité ou du repli sur soi.

La sophrologie

Développée dans les années 1960 par le psychiatre Alfonso Caycedo, la sophrologie est un entraînement du corps et de l'esprit qui s'inspire des traditions orientales, comme le yoga, la méditation ou le zen, et s'appuie sur la relaxation, la concentration et la respiration.

* *Foutez-vous la paix ! Et commencez à vivre*, Flammarion, 2017.

Dans un entretien à *Psychologies Magazine*, Natalia Caycedo, psychiatre et fille du fondateur de la sophrologie, explique : « Le sujet apprend d'abord à considérer son schéma corporel (sa forme, son mouvement, son tonus musculaire) grâce à des exercices de concentration et de respiration ; peu à peu il devient capable d'éliminer ses tensions physiques. Puis, il prend conscience du fonctionnement de son esprit grâce à des exercices de contemplation et de « futurisation » : s'il est phobique, par exemple, il va se projeter dans un moment heureux du futur, puis visualiser l'objet de ses peurs, etc. Il s'agit ensuite de repérer ses émotions, sans chercher à contrôler celles qui sont douloureuses mais, grâce à des exercices de réactivation (ou « prétérisation ») à faire émerger les ressentis positifs pour qu'ils soient plus présents au quotidien. Enfin, la personne s'attache à reconnaître ses valeurs personnelles pour vivre en cohérence avec lui-même et retrouver une stabilité, une sérénité*. »

Les indications de la sophrologie sont les cas d'anxiété, de dépression, les affections d'origine

---

* *Psychologies Magazine*, dossier « Vaincre l'anxiété », n° 381, janvier 2018.

psychosomatique, la prévention et le contrôle du stress mais aussi les troubles du sommeil.

Là encore, n'hésitez pas à vous rapprocher d'un professionnel si vous êtes tenté par la sophrologie.

UN EXERCICE TOUT SIMPLE

Il vous est proposé par la sophrologue Michèle Freud : « On attend souvent d'avoir des contractures dans les épaules, en d'autres termes "d'en avoir plein le dos", pour s'autoriser du repos. Si vous travaillez sur ordinateur ou si vous effectuez une tâche difficile, arrêtez-vous toutes les heures en vous détournant quelques instants de votre activité et pratiquez l'exercice suivant :

❯ Fermez les yeux, relâchez les muscles du visage, desserrez la mâchoire.

❯ Placez le bout des doigts sur votre front et, par de tout petits mouvements circulaires, sans soulever les doigts, massez doucement le contour de vos yeux.

Répétez l'exercice plusieurs fois en tournant dans un sens, puis dans l'autre*. »

* www.michelefreud.com/chronique-gerer-son-stress.html

SOIGNER SON ANXIÉTÉ

Lorsque l'on ne parvient pas soi-même à apaiser ce corps qui a pourtant besoin de paix pour donner le meilleur de lui-même, il convient d'en tenir compte et de se faire aider. Nous n'allons pas nous laisser envahir par le stress !

La fragilité narcissique entraîne bien souvent de l'anxiété. On ne s'aime pas, on pense qu'on ne s'aime pas, on sent qu'on ne s'aime pas, on s'en veut, on en veut à son passé, à sa pensée, à ce qu'on vit, à ce qu'on ressent. Nous vivons dans un état d'alerte permanente, à la fois de l'esprit et du corps. Or il existe des techniques qui permettent d'apaiser le corps pour apaiser l'esprit. Nous avons choisi de vous en présenter deux qui fonctionnent bien.

L'EMDR

Cette méthode ressemble à un recâblage du cerveau ! À la fin des années 1980, Francine Shapiro, docteur en psychologie, développe l'EMDR* qu'elle définit comme un « traitement adaptatif des informations par des stimulations bilatérales alternées ». En clair, voici ce que cela implique : quand un événement menace physiquement ou psychiquement une personne, il y a « traumatisme ». Les informations liées à cet événement restent stockées dans la mémoire, elles ne sont pas retraitées lors de la phase de sommeil et rangées dans les souvenirs épisodiques. Les réactions engendrées par le système de survie sont donc encore actives au présent, alors que le danger appartient au passé. Le hic, c'est que toute situation nouvelle qui entre en résonance avec cet événement réactive les mêmes réponses de survie, sans même que la personne en soit consciente.

Les fameuses « stimulations bilatérales alternées » vont permettre de favoriser le « traitement adaptatif de l'information ». En d'autres termes, de ranger le souvenir au bon endroit !

Quelles sont ces stimulations ? Une attention portée rapidement et alternativement de gauche à droite, à partir de stimulations oculaires,

---

* Acronyme pour *Eye Movement Desensitization and Reprocessing* (« Désensibilisation et retraitement par les mouvemets oculaires ».

tactiles ou auditives, pendant plusieurs phases d'environ 20 secondes chacune. Ces stimulations sensorielles parviennent à diminuer l'intensité du vécu. La charge émotionnelle est moins forte.

À l'origine, l'EMDR traite les troubles anxieux résultant d'un traumatisme (syndrome de stress post-traumatique). Mais cette technique permet de soulager les troubles anxieux dits secondaires, liés à des « petits » traumas, comme une enfance difficile, des carences affectives, un accident ou encore des événements douloureux.

VIRGINIE, 35 ANS

« GRÂCE À L'EMDR, J'AI COMME "DIGÉRÉ" MON ENFANCE »

« J'ai mis longtemps à me décider parce que j'avais des scrupules à "aller voir quelqu'un". Je pensais ne pas en avoir besoin… J'allais bien, je vivais en couple avec un homme charmant, j'exerçais un métier que j'aimais, professeur de piano, et je ne manquais de rien. D'accord, mon enfance n'avait pas été une partie de plaisir mais je m'en étais sortie plus ou moins indemne. Alors pourquoi aller voir un psy ? Et puis, la vie m'a rattrapé… Fabrice et moi, on essayait d'avoir un enfant mais ça ne marchait pas. Pourtant, tout allait bien du côté médical. Au bout de deux ans, je me suis dit : "Bon, allez, il est peut-être temps de 'digérer' ce passé difficile." C'est vraiment le mot qui m'est venu. J'avais entendu parler de l'EMDR et j'aimais bien le principe. Surtout, je n'avais pas envie de ressasser toute mon histoire familiale plutôt glauque, un peu triste, ni de remuer de vieux souvenirs douloureux pendant des années du fin fond d'un canapé ! Ces séances m'ont permis d'assimiler quelque chose, un quelque chose qui était resté coincé en moi, qui ne passait pas. Les souvenirs sont toujours là mais je crois que, oui, ils sont "digérés". 6 mois plus tard, je suis tombée enceinte. »

L'hypnose

Voici une autre méthode extrêmement efficace contre l'anxiété. C'est un état situé entre la veille et le sommeil, qui n'est ni l'un ni l'autre, mais ce qu'on appelle un « état de conscience modifiée ». Parce qu'elle plonge le patient dans cet état de non-vigilance, l'hypnose permet de contourner l'esprit rationnel : le thérapeute s'adresse directement à l'inconscient de la personne qui, à la fin de la séance, n'a pas toujours le souvenir de ce qui s'est passé.

Cette approche vise à la disparition du symptôme, qu'il soit psychique, émotionnel, comportemental ou même psychosomatique ! Elle ne cherche pas à savoir ce qui l'a engendré.

Vous avez le choix entre deux types d'hypnose :

- la méthode dite classique, qui utilise des techniques d'induction avec fixation et concentration de la conscience sur une image, un objet, une partie du corps ;
- l'hypnose ericksonienne, qui crée davantage chez la personne un état de confusion pour faciliter le décrochage du mental. L'idée centrale reste de se détacher des stimuli extérieurs pour se concentrer sur une stimulation auditive, généralement la voix du thérapeute qui procède alors à une série de suggestions.

Apparue il y a quelques années, l'approche dite « humaniste » ne plonge pas le patient dans un état de conscience modifiée, mais cherche au contraire à le mettre dans un état d'ouverture de la conscience, une sorte de « conscience augmentée » ou de « conscience élargie ». La vigilance n'est plus endormie, mais au contraire réveillée.

L'hypnose peut aider les personnes souffrant d'anxiété, de stress, de déprime, mais elle s'avère également un outil précieux pour traiter les troubles alimentaires ou de sommeil, accompagner un sevrage tabagique ou lutter contre la douleur.

SE RÉCONCILIER AVEC SON APPARENCE

Faire de son corps un allié, c'est aussi se réconcilier avec son image. Domaine délicat que celui de notre apparence... Évidemment, quand on ne s'aime pas beaucoup, on n'aime pas beaucoup son reflet dans le miroir.

Nous restons focalisés sur nos défauts, réels ou imaginaires (ce nez trop petit, ces hanches trop larges), nous nous comparons aux canons de beauté (comme si les critères de beauté étaient des critères de supériorité, ce qui n'aide pas), nous tombons dans la dissimulation (nous n'allons plus à la piscine, ni chez le coiffeur) ou, au contraire, la surcompensation (si nous ne sommes pas beaux, il nous faut au moins être drôle, spirituel, gentil, et on en passe) ou nous partons en quête de volonté et de contrôle (un régime draconien, du sport à outrance).

DES COMPLEXES À PRENDRE AU SÉRIEUX

Le monde du développement personnel s'intéresse peu à l'apparence physique. L'image de soi semble rester le parent pauvre de l'épanouissement, comme si la beauté était encore considérée comme superficielle. Pourtant, en rejetant notre apparence, c'est bien nous-mêmes que nous rejetons. C'est nous-mêmes que nous jugeons et maudissons. Le « mal » est donc plus profond qu'une surface, qu'une « image », et il est à prendre au sérieux. Car il entraîne :

› une grande culpabilité et parfois de la honte ;

› un stress important ;

› une tendance à l'inhibition, à la procrastination ou à l'indécision ;

› une forme de dépression, légère ou importante ;

› une anxiété ;

› une insatisfaction, parfois chronique ;

› une perte d'intérêt pour les plaisirs de la vie ;

› une peur de l'échec ou, au contraire, de la réussite et du bonheur ;

› une grande confusion, une fatigue excessive ;

› des obsessions ;

› des problèmes relationnels qui peuvent rejaillir sur le couple, la famille ou la vie professionnelle.

→

> Si vous souffrez de complexes importants, si vous considérez que ceux-ci vous empêchent d'avancer, n'hésitez pas à en parler, à consulter un thérapeute au besoin. Sachez que l'apparence, c'est la partie émergée de l'iceberg. Il vous faut prendre soin de celle qui est en dessous.

Il s'agit d'abord de préciser deux ou trois éléments concernant ce désamour particulier de soi. Évidemment, ne pas aimer son apparence nous semble parfaitement justifié. Pourtant, ce n'est pas que l'on n'est pas beau, non ; c'est que l'on ne se sent pas beau. Notez la différence. En effet, quand on se sent moche, gros, insipide, on ne juge pas son corps réel. Car une chose est sûre, on ne se voit pas, on se représente, à partir de ce qui nous est donné à voir, à entendre, à ressentir. On ne se voit en effet qu'à travers un objet (un miroir, par exemple), des images (photos ou vidéos) ou grâce à l'autre (regards d'un parent, d'un amant...). D'où une image forcément déformée ! Forcément... fausse, sans aucun rapport avec la réalité !

Qu'est-ce qui pose problème alors ? Pourquoi regarde-t-on son image de travers ? Parce que nous avons une représentation sociale et affective de notre aspect physique et c'est là que le bât blesse. L'image inconsciente du corps que nous avons intériorisée au cours de notre histoire, là encore, au gré de nos expériences, nous fait le regarder et le juger de façon négative. Ce n'est pas l'apparence réelle qui pose problème – les animaux, par exemple, se moquent bien de la leur. Mais bien notre apparence imaginaire, la relation que nous entretenons avec notre image.

Un travail d'acceptation

Comment se sentir moins « moche, gros, insipide » ? C'est un long travail que celui d'accepter d'incarner celui ou celle que nous sommes, d'aimer son physique, d'assumer son apparence. Mais plusieurs pistes peuvent vous faire avancer sur le chemin de cette rencontre et de cette réconciliation avec vous-même.

- Relativisez les critères de beauté qui restent subjectifs ; en effet, ils changent d'une époque à l'autre, d'une culture à l'autre.
- Repérez vos croyances limitantes : par exemple, pour être aimé, il faut être beau ; pour être reconnu et valorisé, il faut être

beau ; pour réussir, il faut être beau ; pour avoir confiance en soi, il faut être beau, etc.

- Essayez de vous voir en entier ; certes, vous avez un petit nez ou des hanches trop larges mais vous ne vous limitez pas à un nez ou des hanches ; prenez du recul et essayez de vous considérer dans votre globalité.

- Mettez en valeur ce que vous jugez être beau chez vous ; tâchez de sublimer votre singularité.

- La vue d'une plus belle, d'un plus fort, réveille inévitablement un sentiment d'insécurité ; essayez de sortir de la comparaison puisqu'elle est à double tranchant ; en effet, constater sa similitude, c'est s'apaiser, mais observer sa différence, c'est renforcer l'inquiétude.

- Prenez conscience de votre probable perfectionnisme et mettez de la nuance dans votre discours : ce qui n'est pas parfait n'est pas nul (ou laid).

- Pensez à ceux et celles qui vous aiment (sans culpabiliser, s'il vous plaît) ; osez vous découvrir dans leurs yeux, acceptez qu'ils vous regardent autrement.

Gardez en tête que ce qui vient de l'intérieur irradie à l'extérieur. Certaines de nos qualités intrinsèques se voient comme le nez au milieu de la figure et nous embellissent d'office : la confiance en soi, le naturel, l'expressivité, le fait d'assumer sa féminité et sa masculinité ou encore l'estime de soi. Gageons que dans quelque temps vous vous sentirez donc nettement plus séduisant.

LES 5 CLÉS DE CE CHAPITRE POUR DOPER VOTRE NARCISSISME

› Vous avez une obligation envers vous-même ! Vous devez prendre soin de vous et veiller à satisfaire vos besoins fondamentaux physiologiques. Pas le choix !

› En bougeant davantage, vous serez plus en lien avec votre corps qui pourra enfin vous offrir de belles sensations à vivre.

› N'hésitez pas à inviter dans votre quotidien une ou plusieurs méthodes psychocorporelles qui vous permettront d'apaiser le corps, et par ricochet, la tête !

› Prenez soin de votre anxiété et consultez un médecin, un thérapeute, un spécialiste si vous jugez qu'elle vous empoisonne l'existence ; plus

→

vous pourrez vous « fier » au corps, plus vous gagnerez en « confiance ».

› Se trouver beau (ou laid) relève de votre intériorité, de votre regard psychoaffectif ; vous seul pouvez le modifier.

Chapitre 5

Accueillir son émotivité

Comment ne pas vous laisser fragiliser ?

« Ne méprisez la sensibilité de personne. La sensibilité de chacun, c'est son génie. »

Charles Baudelaire

Pour parvenir à mieux nous aimer, nous devons apprendre à mieux apprivoiser ce qui nous traverse. Nos émotions, si nous parvenons à les écouter, à leur donner le sens qu'elles méritent, peuvent nous aider à reconnaître ce dont nous avons besoin, et ainsi participer à la restauration de notre estime de soi. Car, non, la peur, la colère et la tristesse ne sont pas des problèmes. Elles seraient même le début d'une solution pour favoriser notre bien-être.

ACCEPTER SA SENSIBILITÉ

Le problème quand on manque d'estime de soi, c'est qu'un rien nous bouleverse. Et fragilise plus encore notre narcissisme. Les occasions sont nombreuses chaque jour pour nous faire ressentir de bien difficiles émotions : ça fait quinze fois que nous demandons à notre fils de mettre ses chaussures et nous voyons rouge ; il y a des embouteillages et nous craignons d'être en retard ; nous avons une réunion avec un gros client et nous sommes tétanisés par la peur de ne pas être à la hauteur ; notre conjoint fait ostensiblement la tête et nous sommes effondrés. Comme si nous étions plus fragiles, donc plus sensibles que les autres...

Serait-ce votre cas ? En ce cas, pas de panique. Commençons par une bonne nouvelle. L'hypersensibilité, qui toucherait selon les experts 20 % de la population, n'est pas une tare. C'est plutôt un don ! En effet, être à fleur de peau, c'est percevoir avec davantage d'intensité la réalité, les autres, les événements. Bon, d'accord, c'est parfois difficile à vivre. Mais changez de perspective et voyez cette fragilité comme un atout supplémentaire. Les gros durs passent à côté de belles choses !

Êtes-vous hypersensible ?

Pour vérifier que vous êtes bien un grand sensible, répondez par oui ou non aux affirmations suivantes :

- Vous avez beaucoup d'empathie, ce qui arrive aux autres vous touche.

  ❒ Oui ❒ Non

- Vous aimez être tranquille et ne redoutez pas la solitude.

  ❒ Oui ❒ Non

- Vos sens sont hyperdéveloppés : vous êtes sensible aux bruits, à la lumière, aux mouvements, aux textures, aux odeurs.

  ❒ Oui ❒ Non

- Vous êtes souvent las, fatigué.

  ❒ Oui ❒ Non

- Vous êtes particulièrement observateur : vous parvenez à voir des détails quand ils passent inaperçus aux yeux des autres.

  ❒ Oui ❒ Non

- Vous êtes plutôt nerveux et pouvez rapidement vous agacer.

  ❒ Oui ❒ Non

- Vous pouvez ruminer longtemps après une contrariété.

  ❒ Oui ❒ Non

- Vous détestez les conflits, les critiques, les reproches.

  ❒ Oui ❒ Non

- Vous avez la larme facile, pleurer vous fait du bien.

  ❒ Oui ❒ Non

- Vous savez quand les autres ne vont pas bien, grâce à une sorte de sixième sens.

  ❒ Oui ❒ Non

- Vous êtes touché par l'expression artistique (musique, peinture, cinéma).

  ❒ Oui ❒ Non

- Vous avez une grande faculté de concentration sur une tâche précise.

  ❒ Oui ❒ Non

- Vous prenez souvent les choses pour vous (ou plutôt contre vous).

  ❒ Oui ❒ Non

- Vous craignez de faire le mauvais choix et prendre une décision vous est difficile.

  ❒ Oui ❒ Non

- Vous êtes terrorisé par la violence et l'agressivité.

  ❒ Oui ❒ Non

Ce portrait est le vôtre ? Félicitations ! Vous avez désormais un don supplémentaire. La sensibilité n'est pas facile à gérer au quotidien, certes, mais vous possédez cette capacité à percevoir plus intensément les stimuli extérieurs. Car, d'après les chercheurs, dont le psychologue Ted Zeff*, c'est votre système nerveux qui est hypersensible (pas votre tempérament...), et certaines zones de votre cerveau fonctionnent plus intensément. Vous réagissez au quart de tour au monde qui vous entoure. Point. Arrêtez de vous en vouloir.

COMPRENDRE LE SENS DES ÉMOTIONS

Cette capacité à percevoir plus intensément les choses génère en vous une multitude d'émotions. L'hypo- ou l'hyper-narcissique cumule les fragilités. Et notamment au niveau émotionnel. Car, évidemment, manquant de confiance en soi et d'estime de soi, les émotions surviennent vite, voire débordent. Nous l'avons vu au début de ce chapitre, une contrariété, un échec, un impair, une bévue, un retard, un incident, bref un couac dans votre vie, que vous aimeriez aussi

* *Maîtrisez votre hypersensibilité*, Broquet, 2005.

calme qu'un long fleuve tranquille, et c'est le tsunami à l'intérieur.

Rappelons d'abord une chose : les émotions ne sont ni bonnes, ni mauvaises en soi, au sens moral de ces termes. Elles sont nécessaires à la survie de l'individu. Sans elles, nous serions bien mal armés pour affronter les aléas de l'existence car leur rôle est de nous alerter sur... notre état intérieur. Et surtout sur ce qui le déséquilibre, ce qui représente une menace, un danger potentiel, ou au contraire une occasion en or.

Revenons en arrière et voyons comme la nature est bien faîte. Évidemment, vous vous sentez parfois submergé par une foule d'émotions. En réalité, il n'existe que quatre émotions fondamentales, essentielles, car elles ont pour but de maintenir la vie :

- la joie ;
- la peur ;
- la colère ;
- la tristesse.

Si nous mettons de côté la première de ces drôles de dames, les trois autres ne sont pas faciles à vivre. Ce qui est éprouvé est véritablement éprouvant. Seulement, que voulez-vous, c'est vital ! Une émotion, agréable ou non, surgit dès que le cerveau perçoit, via les cinq sens, une information liée à l'existence. Celui-ci la « traite » et la « classe » de façon automatique, sans réfléchir, commenter, juger, etc. Il se contente de la considérer en termes de « bon / pas bon ».

Reprenons. Votre cerveau reçoit une info et...

- **option 1 :** il la considère comme neutre. Il n'a rien à faire et vous n'éprouvez aucune émotion particulière.
- **option 2 :** il la considère comme « bonne » car favorable à l'existence. Il réagit et vous ressentez de la joie.
- **option 3 :** il la considère comme « pas bonne » car défavorable à l'existence. Il réagit et vous ressentez, au choix, l'une, voire un savant mélange des trois émotions de défense, c'est-à-dire la peur, la colère ou la tristesse.

De façon très sommaire...

- la joie indique que nous ne manquons de rien, que nos besoins sont satisfaits, que tout va bien dans notre vie, c'est gentil de demander. Le corps puis l'esprit mobilise son énergie pour nourrir cet élan de vie tout à fait favorable ;

- la peur, première réaction de défense, nous alerte sur une menace (réelle ou imaginaire, peu importe) qui met à mal notre besoin de sécurité. Le corps puis l'esprit mobilise son énergie pour se protéger en fuyant ;
- la colère, seconde réaction de défense quand la peur ne fonctionne pas, nous prévient d'une frustration qui met à mal notre besoin d'identité. Le corps puis l'esprit mobilise son énergie pour retrouver de la constance en luttant ;
- la tristesse, ultime réaction de défense quand les deux autres ne fonctionnent pas, nous avertit d'un manque, d'une perte, qui met à mal notre besoin de sens. Le corps puis l'esprit mobilise son énergie pour retrouver du réconfort en se repliant sur soi.

CHASSER SES MAUVAISES HABITUDES

Évidemment, au quotidien, votre réflexe est de vouloir vous débarrasser de ce qui vous fragilise encore plus. Haro sur les trois grandes émotions dites négatives, la peur, la colère et la tristesse ! Et stop à toutes les émotions secondaires, la culpabilité, la jalousie, la nostalgie, le souci, la honte... N'en jetez plus, le cœur est plein.

Une chose est sûre : malgré tout ce que vous avez entendu dire jusqu'à présent, vous ne pourrez jamais éradiquer l'émotion, qui est un moyen indispensable de survie. Inutile d'essayer, vous n'y parviendrez pas. Pire, les messages du corps, puis de l'esprit, redoubleront d'intensité pour enfin être entendus ! Pour qu'enfin vous les preniez en compte et réagissiez à bon escient.

CHRISTINE, 61 ANS

« JE NE SUPPORTE PAS D'ÊTRE EN COLÈRE MAIS AINSI JE RAJOUTE DE LA COLÈRE À LA COLÈRE »

« Je n'ai pas bon caractère, je dois l'admettre. Surtout, je manque de patience, je ne suis pas très tolérante, je m'énerve facilement. J'ai toujours réagi ainsi et j'ai beaucoup culpabilisé dans ma vie. Je pensais que ça s'arrêterait avec l'âge et la sagesse mais non ! Ce qui m'embête beaucoup aujourd'hui, c'est que je me mets en colère contre mes deux petits-enfants que je garde le mercredi. Ces matins-là, avant qu'ils n'arrivent, je me dis toujours : "Tu vas faire un effort, ça va bien se passer, ils sont petits et tu es si heureuse de les voir, de partager cette journée avec eux." Et puis, l'un ou l'autre renverse

> quelque chose ou crie un peu fort, et me voilà toute retournée. C'est plus fort que moi. Mais comme je ne supporte pas de me voir en colère, je m'en veux. Et c'est là que je rajoute de la colère à la colère. C'est comme un cercle vicieux qui me fait penser que je suis la pire des mamies. »

Il s'agit d'abord d'arrêter de psychoter ! Et d'en faire tout un plat : l'émotion est naturelle et passagère. Si nous ne pouvons pas gérer le mécanisme émotionnel, qui s'est installé dans le corps et dans la tête depuis la nuit des temps pour garantir notre peau, nous pouvons gérer les conséquences de ce mécanisme.

Car, ce qui pose problème, en réalité, ce n'est pas le signal d'alarme initial (la peur, la colère ou la tristesse) ni les stratégies de défense qui en découlent (la fuite, la lutte et le repli sur soi). Ce sont les conséquences de cette première réaction vitale : les habitudes cognitives et comportementales (trop souvent toxiques).

Parce que l'émotion déclenche un mécanisme de défense, presque automatique, nous avons développé de bien mauvaises habitudes pour « faire face » lorsque nous sommes déstabilisés, traversés par des ressentis, des sensations désagréables. Il s'agit donc de changer ces réflexes.

Et, sur eux, nous avons la main – pas sur l'émotion, nous sommes bien d'accord !

Trois réflexes, trois mauvaises habitudes

Premier réflexe, apparemment efficace sur le moment mais inopportun à long terme : nous essayons d'éviter toute émotion ou toute situation émotionnellement difficile (phénomène de fuite). Nous optons pour l'évitement. Ainsi, en cas de situation déstabilisante, frustrante ou contrariante, nous allons quitter la pièce, faire de l'humour, nier le problème, nous réfugier dans un paquet de gâteaux (ou un verre de vin).

Deuxième réflexe, apparemment efficace sur le moment mais inopportun à long terme : nous essayons de contrôler l'émotion ou la situation émotionnellement difficile (phénomène de lutte). Évidemment, déstabilisés comme nous le sommes, nous rêvons de trouver rapidement une solution à notre « problème ». Ainsi, en cas de trouble, qu'il soit de l'ordre de la peur, de la colère ou de la tristesse, nous réagissons au quart de tour et nous croyons que nous retrouverons un semblant de sérénité si nous changeons nous-mêmes, si l'autre change ou si la situation change.

Troisième réflexe, apparemment efficace sur le moment mais inopportun à long terme : nous essayons d'expliquer l'émotion ou la situation émotionnellement difficile (phénomène de repli). Nous (nous) raisonnons, voulons par tous les moyens comprendre. Faute d'avoir pu éviter et/ou contrôler la situation, nous allons, au choix et dans le désordre : chercher une cause, un responsable, tenter de justifier, de légitimer, de comprendre, d'analyser... Nous allons tout mettre en œuvre pour donner du sens, coûte que coûte, à ce déséquilibre.

Évidemment, essayer d'éviter ce qui est douloureux, de le gérer ou de lui trouver au moins une bonne raison d'être, ça peut paraître logique. Mais c'est « psycho-logique » et non « bio-logique ». Or, la seule façon de diminuer l'intensité du malaise, de la gêne, c'est de reconnaître à l'émotion son caractère biologique. C'est de l'apprivoiser. C'est de la laisser être. Et s'en aller.

APPRIVOISER SON ÉMOTIVITÉ

Très bien, formidable, vous voilà dans de beaux draps. Faut-il abandonner, vous laisser envahir par la peur, la colère et la tristesse quand elles vous font perdre vos moyens, quand elles mettent à mal votre estime de soi déjà fragile ? Non, car il y a une solution bien plus efficace et qui a l'avantage de participer à la restauration de cette estime de soi. Ça tombe plutôt bien, non ?

Il s'agit d'écouter ce que votre émotion a à vous dire, de la considérer autrement, c'est-à-dire comme le début d'une solution et pas comme un problème. Quand vous avez peur, quand vous vous mettez en colère ou quand vous vous sentez triste, c'est que quelque chose ne va pas ! C'est que vous avez besoin de quelque chose, un quelque chose qui vous manque. Il convient donc, plutôt que de faire la sourde oreille, de profiter de cette information pour chercher comment satisfaire votre besoin. Logique, non ?

Apprenez à reconnaître ce qui a déclenché l'émotion

La première étape consiste à faire une pause et reconnaître qu'il s'est bien passé quelque chose pour vous mettre dans un état pareil. Vous ne ressentez pas ce que vous ressentez pour... rien ! Pour un rien, peut-être. Encore vous faut-il le repérer.

Sortez de l'idée que vous divaguez et que votre peur, votre colère ou votre tristesse n'a aucun sens. Justement, l'un de vos cinq sens, ou plusieurs d'entre eux ont bien perçu dans la situation quelque chose que votre cerveau archaïque a traduit en termes de danger, de menace pour votre équilibre. Qu'est-ce que c'est concrètement ?

Mettre le film sur pause vous permettra de ne pas vous faire de films ! De déclencher cette spirale négative qui fait que vous vous sentez submergé, dépassé. Revenez aux faits et interrogez-vous : que s'est-il réellement passé, concrètement passé, non dans votre tête mais dans les faits ? qu'est-ce que vos sens ont réellement perçu ? quels mots sont parvenus à vos oreilles, quelle image à vos yeux, quel contact sur votre peau, quelle odeur à vos narines ? par quoi votre corps a-t-il été heurté, alerté ?

Reconnaître l'élément déclencheur de l'émotion vous permettra aussi de mieux identifier votre bavardage mental, la façon dont votre esprit s'emballe et s'affole. Intéressez-vous à ce que vous êtes en train de vous dire à vous-même, là, alors que vous êtes bouleversé :

- vos propos manquent de nuances, vous êtes dans le « tout ou rien », dans le « noir ou blanc » dans le « bon ou mauvais » ;
- vous tirez des conclusions hâtives à partir de peu d'évidences ;
- vous lisez dans les pensées d'autrui ;
- vous faites des prévisions ;
- vous pensez que la situation ne va jamais s'arranger ;
- vous ne voyez que les éléments négatifs ;
- vous dramatisez les événements ;
- ou, vous tentez de minimiser, de banaliser ;
- vous pensez être responsable de la situation ;
- vous attendez beaucoup de vous-même, et des autres, vous (vous) fixez des objectifs irréalistes ;
- vous (vous) jugez sévèrement ;
- vous vous sentez « foutu ».

Repérer ce qui vous a bouleversé, les faits, vous permettra de mieux réagir, de mieux en vivre les effets, qui, rappelez-vous, sont temporaires.

Identifiez l'émotion en jeu

La seconde étape consiste à reconnaître ce que vous ressentez, l'émotion qui a été déclenchée par ce fameux événement, un événement a bel et bien mis à mal votre équilibre. Un mot sur le caractère « acceptable » de l'émotion : sachez que, si votre esprit estime que votre colère, par exemple, n'a aucune raison d'être, qu'elle prend des proportions démesurées, votre corps, lui, ne réagit pas en tenant compte des injonctions socioculturelles, ni de la bienséance. Donc, que ressentez-vous ? Qu'éprouvez-vous ?

De la peur ?

Dans votre corps, c'est l'état d'alerte maximum ! Vous avez été alerté par vos sens que quelque chose n'allait pas, qu'il y avait danger. Vous vous sentez mal, déstabilisé, ébranlé, coincé, oppressé, votre gorge est serrée, vous manquez d'air pour respirer, votre tête est comme prise dans un étau, votre ventre est noué, vos jambes ou vos bras tétanisés. Le corps a perdu sa stabilité, son aisance au profit d'un mal-être qui va le pousser à faire quelque chose. Cette urgence intérieure est une pression à agir sur l'instant pour sortir de l'état de malaise et quitter cette situation parfaitement inconfortable, voire douloureuse.

De la colère ?

Vous éprouvez une urgence intérieure, qui prend la forme d'une tension vers l'avant, d'un bouillonnement, la sensation d'être sous pression. Toute votre énergie est canalisée dans cette résistance, cette puissance vitale rassemblée pour faire front, pour tenir coûte que coûte. Tout le corps peut ainsi se mobiliser pour agir contre ce qui est perçu comme un danger qui vient mettre à mal sa valeur, son identité, son sentiment d'appartenance. Cette sensation le prépare à l'attaque !

De la tristesse ?

Ce qui vous arrive est vécu comme trop compliqué, incohérent et dénué de sens, complètement absurde. Vous éprouvez un profond affaiblissement, une perte d'énergie, une lassitude subite, un blanc, une sidération. Vos jambes se dérobent et ne vous soutiennent plus. Vous vous sentez disparaître, vous êtes comme tiré vers le bas, affaissé, ramolli, épuisé sous l'effet du choc.

ET LA JOIE DANS TOUT ÇA?

La joie a bonne presse. Nous la recherchons car nous la considérons comme positive par rapport à ses trois cousines dites négatives, la peur, la colère et la tristesse. Or, la joie est elle aussi une réponse biologique à un événement. Mais là, à la différence des trois autres, l'événement est perçu comme une opportunité : on est dans le registre « c'est bon ». Une musique, une caresse, une odeur, une saveur, un contact, une image… et voilà le mécanisme en marche avant toute pensée. À partir de cette perception, le système émotionnel suit la même logique. D'abord, les sens sont saisis par cette opportunité… Ce qui déclenche une sensation physique de joie : on se sent excité, stimulé, échauffé, galvanisé… Et donc une réaction d'ouverture : le cœur bat plus fort, la respiration est plus ample, on peut aussi sauter de joie, ou pleurer tout en riant, on cherche à attraper ce qui a déclenché la joie… Et ainsi, nous satisfaisons sur l'instant notre besoin de puissance, de vitalité*.

* D'après Catherine Aimelet-Périssol et Aurore Aimelet, *Émotions : quand c'est plus fort que moi*, Leduc.s, 2017.

Repérez votre réaction

Vous savez quelle émotion vous a emporté. Il s'agit maintenant de reconnaître la façon dont, à chaud, sur le moment, vous avez réagi. Ceci vous permettra de reconnaître votre principal mécanisme de défense, votre « mauvaise » habitude de survie.

- Avez-vous plutôt utilisé la fuite et cherché dans l'urgence à sortir de la situation en bougeant, en trouvant des solutions pour ne plus vous sentir empêché, quitte à ne pas tenir compte de la situation ou de la difficulté de l'autre ?
- Avez-vous plutôt utilisé la lutte et cherché à avoir raison de la situation en la maîtrisant coûte que coûte, ou en imposant vos idées et votre décision, quitte à user de votre pouvoir sur l'autre ?
- Ou bien avez-vous opté pour le silence, le retrait, le rôle du gentil, du confident, dans un esprit d'abandon, voire de sacrifice, comme si vous étiez tétanisé devant les phares d'une voiture ?

Quelle a été votre stratégie sur le moment ? Il vous faudra là encore ralentir pour voir le film de votre réaction tant celle-ci vous semble évidente, normale, nécessaire et adaptée ; tant vous avez tendance à la justifier puisqu'elle vous est vitale. Pour parvenir à repérer votre mécanisme de défense préféré, n'hésitez pas à utiliser des **verbes d'action** quand vous vous repasserez le film :

- Vous avez... *crié* ?
- Vous avez... *sursauté* ?
- Vous vous êtes... *écroulé* ?
- Vous avez... *pleuré* ?
- Vous avez... *parlé* ?
- Vous avez... *bougé* ?

Ces verbes vous permettront de déterminer si vous avez plutôt opté pour la fuite, la lutte ou le repli. Surtout, ne jugez pas votre réaction, n'en profitez pas pour vous culpabiliser : ces mécanismes de défense sont efficaces, voilà pourquoi, consciemment ou non, vous y avez recours. Les reconnaître, ce n'est pas les condamner, c'est le seul moyen de récupérer un peu de libre arbitre.

ANNA, 44 ANS

« QUAND JE SENS MONTER LA TENSION, J'ARRÊTE TOUT ! »

« Je suis une grande sensible ! Un rien m'effraie et je peux devenir une vraie madeleine. Mais, avec le temps, j'ai appris à reconnaître les signes qui ne trompent pas. Alors, quand je sens la tension monter d'un cran, j'arrête tout. Je m'interdis de réagir sur le coup, je prends toujours quelques minutes. Je sais, parce que je l'ai expérimenté plein de fois dans ma vie, que je vais commencer à me raconter un vilain scénario. Alors, au lieu d'y croire, je regarde ces pensées arriver dans ma tête. Je prends des grandes respirations aussi, je marche un peu. En fait, je regarde le phénomène se produire, comme si j'étais mon propre spectateur. Je me vois tétanisée par l'angoisse ou triste à en pleurer. Et j'attends un moment. Parfois, ça ne marche pas – surtout quand je suis énervée par mon conjoint, le pauvre… Mais souvent, ce laps de temps me permet de mieux réagir après coup. Comme si l'orage était passé… On trouve plus de solutions quand on est moins sur le qui-vive. On temporise mieux aussi. »

Comprenez ce dont vous avez besoin

Vous l'avez compris, une émotion douloureuse vient dire que quelque chose ne va pas, que quelque chose menace notre sécurité, notre identité, notre besoin de sens. Quelque chose manque. Et nous avons besoin de ce quelque chose. Non pas que notre enfant mette ses chaussures, que la circulation soit fluide ou que notre conjoint arrête de faire la tête – encore que... Mais que cet événement a déclenché une réaction, un mécanisme de défense, probablement liés à des situations du passé dans lesquelles on s'est senti en danger, menacé.

Il est alors important d'identifier ce dont on a besoin et de mettre un mot dessus. Parce que la peur, la colère ou la tristesse, c'est une façon de dire ce besoin mais sans les mots. Et ce serait mieux avec, non ?

Alors, qu'est-ce qui vous manque ? De quoi avez-vous besoin pour retrouver l'équilibre ?

- Amour
- Attention
- Autonomie
- Compréhension
- Confiance
- Écoute
- Empathie
- Évolution
- Force
- Harmonie
- Honnêteté
- Joie
- Justice
- Mouvement
- Paix
- Partage
- Reconnaissance
- Repos
- Respect
- Soutien
- Tranquillité

Voyez ce que vous pouvez faire pour satisfaire ce besoin

Maintenant que vous avez identifié ce qui a déclenché l'émotion, la nature de cette émotion, la façon dont, sur le moment, vous avez réagi, et le besoin qui a été mis à mal, vous voilà fin prêt pour prendre soin de vous et ainsi, diminuer l'intensité du bouleversement. Vous pouvez travailler à restaurer votre équilibre.

Mais attention, terrain glissant ! Il serait tentant, à cette étape, d'exiger de l'autre qu'il comble votre besoin. Évidemment, vous pouvez essayer de parler à votre fils avec bienveillance, de lui expliquer que vous avez besoin non pas qu'il obéisse, mais d'harmonie et de paix le matin, par exemple. Il se peut qu'il comprenne... ou pas.

Néanmoins, vous ne pourrez pas exiger de la circulation qu'elle évite de créer des embouteillages sur votre parcours ! Ni de votre conjoint qu'il arrête de faire la tête pour vous épargner à vous d'être triste ! Non, c'est impossible.

Car l'émotion, si elle est déclenchée par un événement extérieur, résonne bien en nous-même, à l'intérieur donc. C'est NOTRE émotion, celle de personne d'autre. Or, si nous n'en prenons pas conscience, nous avons vite fait d'attribuer notre peur, notre colère ou notre tristesse à une cause extérieure, notre enfant, le réseau routier ou encore notre conjoint.

À moins que nous l'attribuions à notre trop grande exigence ou à notre sale caractère : « Je ne peux pas changer, c'est tout moi, je suis complètement angoissé, je râle tout le temps ou je suis un mélancolique, que voulez-vous... » Bref, nous culpabilisons l'autre, ou nous nous culpabilisons nous-mêmes. Sans chercher plus loin.

LA CULPABILITÉ, AMIE OU ENNEMIE ?

Elle nous hante au quotidien, cette culpabilité. Parfois, elle en vient à nous dévorer. D'où vient-elle ? D'après Freud, elle trouve sa source dans l'angoisse du Moi devant le Surmoi, cette composante du psychisme qui incarne l'autorité et exerce les fonctions de juge, pour ne pas dire de censeur ! Utile quand elle permet de canaliser nos pulsions amorales, la culpabilité peut aussi nous paralyser, surtout quand elle est le fruit de l'imaginaire. « Nous avons tendance à confondre culpabilité et responsabilité, explique la psychanalyste Virginie Megglé. Être responsable signifie s'interroger sur le sens de ses actes, sans fuir leurs conséquences, ni présumer que, par essence, nous agissons mal. La responsabilité, où consciemment j'assume ma part dans ce que je fais et dans ce qui m'arrive, est même le contraire de la culpabilité*. » Alors, apprenons le bonheur d'être responsable, pour reprendre le titre de l'ouvrage de la psychanalyste. Et, en premier lieu, de ce que l'on ressent, ce que l'on éprouve, ce qui nous traverse.

C'est à nous de prendre nos responsabilités et de veiller à nos propres besoins. Si nous avons besoin d'harmonie, de paix ou d'attention, c'est à nous de trouver les moyens de nous les donner. Bien sûr, nous pouvons gentiment demander à notre entourage de nous y aider. Mais la solution ne vient pas de lui mais de nous.

Se responsabiliser, c'est aussi retrouver un libre arbitre, se découvrir des capacités, une aptitude, et mine de rien, tout cela est excellent pour la confiance en soi. Savoir que l'on peut manquer d'une chose mais que l'on peut, soi, pourvoir à ce manque, engendre de l'assurance. C'est ainsi que l'on peut se « fier » à soi, se fier à ce que l'on ressent et se fier à la façon dont l'on va y répondre.

---

* Virginie Megglé, *Le Bonheur d'être responsable : vivre sans culpabiliser*, Odile Jacob, 2014.

Apprivoiser vos émotions, apprendre de ces informations qui ne vous veulent que du bien, vous permettra de ne plus subir votre sensibilité mais de vous épanouir avec elle. Et c'est cela qui favorisera aussi votre estime de soi. Aimer son émotivité, c'est aimer une grande partie de soi. Et c'est ce à quoi nous travaillons dans ces pages.

LES 5 CLÉS DE CE CHAPITRE POUR DOPER VOTRE NARCISSISME

› Considérez votre sensibilité comme un cadeau, une capacité qui vous rend plus vivant.

› Soyez convaincu que l'émotion a bel et bien un sens et une fonction... vitale ! Même quand elle vous semble absurde.

› Sortez de vos mauvaises habitudes et n'essayez plus d'éviter, de contrôler ou de raisonner ; c'est en acceptant votre émotion que vous parviendrez à bien la vivre.

› Lorsque vous vous sentez dépassé, revenez aux faits, identifiez ce que vous éprouvez, voyez comment vous avez réagi et ce dont vous avez besoin ; puis responsabilisez-vous et prenez vous-même soin de vous.

› Opérez de la même façon quand un proche semble débordé par ses émotions; le processus émotionnel répond à une logique similaire pour chacun.

Chapitre 6

Apprendre à penser positif

Comment ne plus entretenir votre blessure ?

« Vos croyances deviennent vos pensées. Vos pensées deviennent vos mots. Vos paroles deviennent vos actions. Vos actions deviennent vos habitudes. Vos habitudes deviennent vos valeurs. Vos valeurs deviennent votre destin. »

Gandhi

Ce qui alimente une mauvaise estime de soi, c'est aussi notre juge intérieur, cette petite voix qui nous rappelle à quel point, vraiment, nous sommes en dessous de tout. Notre esprit produit en permanence des pensées. Des qui nous motivent, et des qui nous plombent plus encore.

Comment canaliser tout ce bavardage ? Pouvons-nous baisser le volume quand il s'agit d'être parfaitement odieux envers nous-mêmes ? Et l'augmenter quand, par miracle, nous sommes branchés sur « Radio positif » ? C'est ce que nous allons voir dans ce chapitre.

PRENDRE CONSCIENCE DE SON SABOTAGE

Évitons de faire l'autruche ou la sourde oreille ! L'un de nos plus gros soucis est bel et bien notre esprit, tant il joue en notre défaveur. Tout serait en effet plus simple si une petite voix intérieure ne venait pas nous susurrer à l'oreille quotidiennement : « Tu es nul » « Tu n'y arriveras jamais » « Tu n'es pas à la hauteur » et autre « Tu n'en vaux pas la peine ». Vous la reconnaissez, n'est-ce pas ?

Ces messages, qui semblent avoir une vie autonome et se promènent tranquillement dans notre tête, alimentent une mauvaise image de soi et fragilise plus encore notre narcissisme déjà mal en point. Nous sommes en plein auto-sabotage !

Évaluez votre tendance à la négativité

Ce test vous permet de vérifier si, oui ou non, votre négativité freine votre évolution vers un narcissisme plus solide. Répondez par oui ou par non aux affirmations suivantes.

- Vous ruminez souvent, vous maugréez en votre for intérieur.

  ❒ Oui ❒ Non

- Lorsque quelque chose de bien vous arrive, vous trouvez ça louche.

  ❒ Oui ❒ Non

- Vous avez du mal à gérer les contrariétés.

  ❒ Oui ❒ Non

- Vous supportez mal les échecs.

  ❒ Oui ❒ Non

- Vous prenez les choses à cœur.

  ❒ Oui ❒ Non

- Les normes, la routine vous rassurent.

  ❒ Oui ❒ Non

- Vous aimez peu le changement qui impose de vous adapter.

  ❒ Oui ❒ Non

- Vous vous mettez en quatre pour qu'on vous aime.

  ❒ Oui ❒ Non

- Vos souvenirs d'enfance sont peu nombreux et/ou douloureux.

  ❒ Oui ❒ Non
- Vous ne pensez pas avoir de talents.

  ❒ Oui ❒ Non
- Vous trouvez les gens égoïstes.

  ❒ Oui ❒ Non
- Vous avez du mal à exprimer vos sentiments.

  ❒ Oui ❒ Non
- Vous vous culpabilisez beaucoup.

  ❒ Oui ❒ Non
- Vous pensez ne pas pouvoir compter sur les autres.

  ❒ Oui ❒ Non
- Le bonheur ? Ce n'est pas pour vous.

  ❒ Oui ❒ Non
- Vous craignez souvent le pire.

  ❒ Oui ❒ Non
- Vous êtes parfois perdu dans un brouhaha mental contre lequel vous ne pouvez rien.

  ❒ Oui ❒ Non
- Vous vous sentez condamné à refaire les mêmes erreurs.

  ❒ Oui ❒ Non

Si vous vous reconnaissez dans ce portrait, ne baissez pas les bras en vous traitant d'aliéné mental ! Les pensées toxiques, tout le monde en a. Le hic, c'est que chez vous, elles prennent sans doute une importance particulière. Mais sachez que vous êtes tout à fait capable de vous mettre à la « pensée positive » ou, plus précisément, comprendre la philosophie de la « psychologie positive » pour en savourer les bienfaits. Et, par ricochet, vous appréciez davantage, vous et cet esprit qui parfois part dans tous les sens.

LAURA, 37 ANS

« DANS MA TÊTE, C'EST COMME AU TRIBUNAL ! »

« Je ne suis pas schizophrène et pourtant, je vous assure, une part de moi s'adresse à moi depuis que je suis toute petite. Un jour, j'ai appris qu'il s'appelait un "juge intérieur" et que chacun en avait un. Sauf que le mien me parle très souvent et qu'il est impossible de le faire taire ! Dans ma tête, c'est en effet comme au tribunal. C'est comme une petite voix qui vient de je ne sais où et qui critique, compare, juge, parlemente, blâme et finalement prononce sa sentence. Le pire, c'est la nuit, quand je cogite sur un problème de la journée. J'ai beau me dire : "Arrête de ressasser, tu y penseras demain", les mots viennent tous seuls. Comme si j'étais complètement dépassée par mon cerveau ! Honnêtement, je ne vois pas

> à quoi ça sert tout ce discours intérieur. À part m'empêcher de dormir. J'aimerais bien parvenir à plus de calme mental. Mais à chaque fois que j'essaye de faire le vide, les pensées reviennent. Mon "double" me parle. Et je peux vous dire qu'il n'est pas commode ! »

LES BIENFAITS D'UNE PENSÉE JUSTE

La psychologie positive, kesako ? Initiée à la fin des années 1990 par le chercheur Martin Seligman*, alors président de la très sérieuse American Psychological Association, cette nouvelle tendance s'attache à comprendre ce qui rend heureux au lieu de se pencher sur ce qui rend malade. L'objectif de ces recherches est de saisir ce qui détermine l'épanouissement du commun des mortels. Et au cœur du concept se trouve la pensée, bien sûr, la psyché qui, selon les fervents défenseurs du mouvement, n'est pas toute-puissante mais simplement capable de donner un sens plus juste à l'existence et de contribuer ainsi au bonheur.

---

* Parmi ses livres traduits en français, vous pouvez lire *La Fabrique du bonheur. Vivre les bienfaits de la psychologie positive au quotidien*, InterÉditions, 2011.

Convaincus du bien-fondé de ces recherches, nous aimerions évidemment nous aussi parvenir à « penser positif ». Et pourtant, cela nous est difficile. Pourquoi ? Parce que, là encore, nous avons pris de mauvaises habitudes cognitives. Nous n'avons pas appris à regarder les choses d'un bon œil. Nous ne nous sommes pas assez entraînés à penser la réalité avec plus de justesse ; à nous penser nous-mêmes avec plus de lucidité et de bienveillance ; à penser l'autre avec plus de confiance ; à penser à l'autre avec plus de recul ; à penser le monde, l'existence, la nature, le temps, la matière avec plus de conscience ; et à apercevoir qu'en toutes choses, il subsiste toujours ne serait-ce qu'une once de positif.

Nos pensées, même si elles ne sont pas des faits, nourrissent une faible estime de soi et maintiennent la spirale négative dans laquelle nous nous trouvons. Il est grand temps, non de les bannir de notre esprit (objectif irréalisable), mais simplement de les rééquilibrer avec des idées, des croyances, des opinions, des points de vue plus optimistes. Rappelez-vous : on ne cherche ni à fuir, ni à lutter contre les expériences négatives et toxiques : on ajoute de nouvelles expériences plus constructives.

Et ces expériences peuvent être psychiques, bien évidemment.

Voilà pourquoi vous pouvez d'ores et déjà cesser de culpabiliser. Si vous n'arrivez pas à penser positif en permanence et s'il vous arrive encore de temps à autre de voir le verre à moitié vide, il n'y a pas lieu de paniquer. Il ne s'agit pas de devenir un optimiste forcené, mais simplement de parvenir à un équilibre. Selon plusieurs études*, le bon ratio serait de trois pensées agréables ou positives pour une pensée jugée négative. Tout le monde peut donc parvenir à l'équilibre. C'est tout l'objectif de ce chapitre.

NEUTRALISER LES PENSÉES TOXIQUES

Alors que faire, quand vous broyez du noir, pour récupérer un peu de libre arbitre et ne pas sombrer dans le bien connu, le trop expérimenté désamour de soi ?

En premier lieu, il convient de lâcher prise. Personne n'est exempt de ce que l'on a coutume

---

* Notamment celle de Martial Losada (université du Michigan) ou celle de John Gottman (université de Washington)

d'appeler les pensées toxiques, ces petites phrases qui nous gâchent la vie. Et s'il existait un remède miracle, ça se saurait, n'en déplaise à certains partisans de la loi d'attraction qui affirment sans scrupule que « si on veut, on peut » et que le cerveau aurait, à lui seul, le pouvoir de modifier la réalité, de matérialiser nos rêves les plus fous, dont celui d'avoir enfin une solide estime de soi !

Ce que nous pouvons faire, en revanche, ce qui est dans nos cordes, c'est de diminuer l'impact de cette pensée, de la rendre moins pénible à vivre. De limiter la casse, si vous préférez !

Nous allons prendre un exemple on ne peut plus parlant et qui très probablement vous concerne ou vous a concerné, vous aussi : vous venez de rater quelque chose (un entretien, un rendez-vous, une occasion ou même votre poulet rôti...) et vous vous dites, consciemment ou non : « Je suis nul »... Prêt à changer de regard ?

Identifiez la pensée sombre

L'idée, ici, est de faire preuve d'un intérêt et d'une curiosité bienveillants vis-à-vis de vos pensées. Tâchez de repérer ce qui vient de traverser votre esprit et qui a créé un malaise. En principe, votre corps vous a, quelques secondes auparavant, prévenu : votre respiration s'est accélérée, votre cœur s'est mis à battre plus fort, vos jambes se sont dérobées... Être à l'écoute de ces signaux corporels vous permettra d'appuyer sur pause et d'identifier l'une vos vieilles rengaines, ces formules dévalorisantes que vous répétez en boucle. Ça y est, vous l'avez repéré ? Parfait. Vous allez être plus malin qu'elle et éviter de la laisser vous entraîner dans des ruminations improductives.

Ne luttez pas

Nous ne sommes pas maîtres de toute notre activité cérébrale ! Malgré ce qu'on peut lire ici et là, c'est un doux leurre de croire que l'on peut contrôler à tout moment ce qui traverse l'esprit, tout comme nous venons de le voir pour le corps et les émotions. Lâchez prise, n'essayez pas de vous battre contre votre pensée, ou de la faire disparaître. Vos lubies sont bien plus fortes que vous dans le sens où plus vous penserez à votre pensée, plus elle aura de poids. Car le cerveau ne comprend pas le négatif. Donc si vous exigez de lui d'arrêter de se focaliser sur votre nullité, par exemple, il s'arrêtera net sur elle, justement.

N'essayez pas de vous raisonner

Dans le même ordre d'idée, vous comprendrez aisément que vous n'arrangerez guère votre cas en vous disant que vous êtes nul de penser que vous êtes nul. Essayez de sortir du jugement et de la culpabilisation : contentez-vous de constater que votre idée (oui, d'accord, un peu saugrenue...) se balade dans votre esprit. De la même façon que vous avez appris qu'il vous fallait accueillir votre émotion, votre peur, votre colère ou votre tristesse, vous choisissez sciemment d'accueillir votre pensée.

Regardez votre pensée se promener

Car c'est précisément ce qu'elle fait. Elle « traverse » votre esprit, elle ne prend pas ses quartiers ! Nous pensons en permanence, même quand nous dormons (en témoignent nos rêves ou nos cauchemars !). Puisque vous ne pouvez pas la chasser, accueillez-la chaleureusement.

Sachez qu'elle ne s'éternisera pas. Si vous ne lui donnez pas plus d'importance qu'elle n'en a, en essayant de la fuir par exemple, ou au contraire, en luttant contre elle, elle passera. Comme toutes les idées qui vous viennent en permanence. Ne vous sentez pas tenu de les suivre.

Prenez du recul

Une pensée, ce n'est pas un fait avéré. C'est une production psychique, un événement mental, une image que vous avez créée à partir de la façon dont vous vous vous êtes représenté la réalité. Il est toujours tentant de penser que la pensée en question est réelle. Mais il ne tient qu'à vous de décider si elle a une valeur de vérité ou... non ! Donc, quand vous vous dites « Je suis nul », prenez du recul et gardez en tête que ce n'est pas la réalité, que c'est simplement ce que vous pensez être la réalité.

UNE RÉALITÉ TOUJOURS SUBJECTIVE

Rappelez-vous que ne pouvez appréhender la réalité qu'en vous la représentant. La réalité en soi, une réalité certaine, tangible, indubitable, vous est inaccessible. Pour la percevoir, votre cerveau s'en fait une représentation, une image mentale éminemment subjective. Prenons pour exemple la célèbre histoire du verre à moitié vide, ou à moitié plein. Le verre existe, certes. Mais vous le voyez, le percevez, à moitié vide ou à moitié plein, selon votre vision du monde, de l'existence et de l'humain, une façon de concevoir les événements qui vous est propre. N'en profitez pas pour vous blâmer ! Il serait improductif de vous culpabiliser et de vous malmener plus encore. Constatez simplement pour l'heure que ce n'est pas le verre qui est négatif mais la façon dont vous le voyez. Et concentrez-vous sur le verre en question.

Prenez appui sur votre corps

Et prenez une grande respiration ! Pour vous aider à rester serein pendant que la pensée dévalorisante se balade dans votre esprit, tâchez de revenir dans l'ici et maintenant en focalisant votre attention sur ce qui est fiable, c'est-à-dire votre respiration. Tâchez de vous concentrer sur le flux d'air qui entre et sort de votre corps. Cette pensée qui vous bouleverse va faire de même, ne vous inquiétez pas.

Dépotentialisez

Le psychologue Yves-Alexandre Thalmann propose d'ôter à la pensée désagréable son pouvoir, un « pouvoir que vous-même lui accordez. Une pensée n'est qu'une représentation de la réalité. Quand vous pensez "Je ne peux pas lever le bras", vous êtes pourtant toujours en capacité de le faire ! Pour prendre de la distance, changez simplement de vocabulaire : "Mon esprit me dit que... je suis nul » ou encore "J'ai l'idée que... je suis nul"[*] ».

Notez vos pensées

Ce conseil de la psychiatre Christine Barois est très utile quand on a du mal à prendre du recul vis-à-vis de ses pensées : « Cela vous permet de les considérer d'une manière moins prenante et moins émotionnelle. De plus, la pause entre la survenue de la pensée et le fait de l'écrire vous offre un moment pour réfléchir à sa signification[**]. »

* *Je positive 2.0*, Jouvence, 2017.

** www.docteurbarois.org

FAVORISER LES PENSÉES POSITIVES

Très bien, vous dites-vous. Vous allez donc vous entraîner à diminuer l'impact de vos ritournelles négatives. Mais comment augmenter le nombre de vos pensées positives pour parvenir à un équilibre salvateur, le fameux ratio de trois contre un ? Suffit-il de réciter chaque matin devant son miroir : « Parce que je le vaux bien » ou « Je m'aime donc je suis », et sans complexe s'il vous plaît !, pour doper son narcissisme ?

Vous souriez ? Tant mieux. Mais vous verrez bientôt que l'idée n'est pas si bête. Pour l'heure, sachez qu'il ne s'agit pas de devenir un imbécile heureux ou un gourou de l'optimisme béat. Car certains jours sont difficiles, certaines situations douloureuses. Personne ne vous demande de voir la vie en rose quand vous nagez en pleine catastrophe ! Simplement d'être à l'origine de douces pensées quand tout va bien. Car, oui, parfois, les choses vont bien.

Choisir l'optimisme

La première étape consiste à considérer que nous ne sommes pas victimes de notre esprit légèrement dévalorisant. En effet, si celui-ci part parfois dans tous les sens et « produit » des pensées négatives, nous pouvons quand même instiller du positif dans notre vie. Nous restons, en partie, aux commandes. Si nous ne pouvons pas nous débarrasser de nos idées noires, nous pouvons être, de façon pleinement consciente, à l'origine de pensées bienveillantes, valorisantes, bref optimistes.

Nous sommes responsables de nos actes et capables de choisir. L'approche thérapeutique dite « existentielle », aujourd'hui marquée par la personnalité du psychiatre américain Irvin Yalom*, considère ainsi que l'individu n'est pas seulement conditionné par sa petite enfance ni défini par ses comportements : il est libre et responsable de son bien-être. En effet, si vos expériences passées n'ont pas permis de construire un narcissisme solide, vous pouvez multiplier dès aujourd'hui des expériences réparatrices, et notamment psychiques.

Puisque nos pensées négatives sont le fruit de notre représentation pessimiste de la réalité, gageons qu'une représentation plus

---

* Pour aller plus loin : Irvin Yalom, *Thérapie existentielle*, Le Livre de Poche, 2017.

joyeuse parviendra à produire de la motivation et de l'enthousiasme. Vous avez le choix. Notamment de décider par vous-même, et pour vous-même, de changer et de vous alimenter en pensées porteuses d'énergie, de croissance et d'épanouissement.

À vous de jouer !

Écrivez une croyance qui vous procure un sentiment de bien-être :

- Sur vous-même : ....
  ....
- Sur votre vie : ....
  ....
- Sur votre conjoint, votre partenaire : ....
  ....
- Sur vos enfants ou un enfant de votre entourage : ....
  ....
- Sur vos collègues : ....
  ....
- Sur vos voisins : ....
  ....
- Sur la société : ....
  ....

- Sur la justice : ....
  ....
- Sur l'enseignement : ....
  ....
- Sur l'art : ....
  ....
- Sur les médias, la télévision : ....
  ....
- Sur la nature : ....
  ....
- Sur le monde : ....
  ....

Un état d'esprit positif ne relève pas de la magie, ni du miracle. Il suppose un véritable engagement envers vous-même, puis une bonne dose d'entraînement. C'est ainsi que vous parviendrez à sortir de vos habitudes.

Formuler de belles choses

Vous avez certainement souri aux pages précédentes quand nous vous avons proposé, comme ça, en passant, de réciter des mantras. Pourtant, sachez que poser de bonnes intentions n'est pas si bête. Si la méthode Coué et son célèbre principe « Tous les jours et à tous les points de vue, je vais de mieux en mieux » n'ont jamais fait de miracles, ils ont néanmoins le mérite de nous mettre sur la bonne voie. Car les phrases que nous prononçons, en notre for intérieur ou en hurlant dans un moment où l'adversité exige de prouver notre identité, véhiculent des énergies différentes. Surtout, elles nous engagent vis-à-vis de nous-mêmes, des autres, de la vie, du monde. Elles nous mobilisent et permettent de faire vivre nos valeurs au quotidien.

Au chapitre 3, nous avons pris l'engagement d'arrêter de vouloir être celui ou celle que, visiblement, nous ne sommes pas du tout ! La nouvelle étape est de formuler des souhaits positifs.

Concrètement, vous pouvez le matin avoir l'intention de vivre cette journée en harmonie avec vous-même ou de ressentir plus d'amour pour autrui ; ou le soir, demander à ce que la nuit soit réparatrice ou bénéfique. Une seule condition : lorsque vous énoncez vos intentions, soyez vraiment présent à vous-même et parlez à voix haute, en toute conscience.

Encore une fois, vous ne pouvez pas suspendre votre estime de soi à un changement drastique de personnalité. Mais vous pouvez vous suggérer à vous-même que vous méritez le meilleur, tel que vous êtes. Vous ne prenez aucun risque. Il ne s'agit pas d'affirmer « Je m'aime » chaque matin devant son miroir (encore que...). Mais simplement de supposer « Je suis capable d'apprendre à m'aimer davantage ». Car vous l'êtes.

GAËTAN, 29 ANS

« JE RÉCITE "OM MANI PADME HUM" POUR ME RAPPELER À LA BIENVEILLANCE »

« Je ne suis pas bouddhiste, mais à la suite d'un voyage en Asie, j'ai pris l'habitude de réciter régulièrement l'un des mantras importants de cette approche spirituelle "Om mani padme hum". Parce que je sens qu'il me rappelle à la bienveillance et qu'il véhicule de bonnes énergies. Quand je le prononce, c'est comme si je faisais preuve d'une attention plus grande, d'une meilleure intention aussi. Même dans le métro, coincé entre 567 personnes ! Ou quand, au bureau, mon collègue insupportable se met à téléphoner en hurlant ! Je ne crois pas que ce soit magique même si, après tout, je n'en sais rien parce que je suis un néophyte. Mais, vraiment, ça marche. Ça crée un climat de compassion, d'empathie, qui, au bout du compte, m'apaise intérieurement moi aussi. Je vous le conseille, le matin, au réveil, pour bien commencer votre journée, en particulier si vous vous êtes levé du mauvais pied ! »

Exercer son œil de lynx

Très souvent, parce que nous avons pris de mauvaises habitudes, nous passons à côté de tout ce qui nous arrive de bon, de bien, de beau. Nous manquons alors un tas d'occasions en or pour créer, de toutes pièces, des pensées positives.

Il s'agit donc de réapprendre à reconnaître le bonheur quand il croise notre route. Car il y a fort à parier que vous ne souffriez pas, dans l'enfance, de ces vieilles rengaines. Celles-ci se sont installées dans votre esprit, avec le temps, au gré des événements. Il s'agit donc de revenir en arrière et de réactiver ce regard d'enfant, prêt à savourer les événements, à saisir les occasions, à croquer la vie à pleines dents ! Vous n'êtes pas né pessimiste, vous avez appris à l'être.

Pour retrouver cette âme d'enfant, il existe une méthode infaillible : celle du journal du bonheur. Il s'agit de compléter un petit carnet afin de prendre conscience de tout ce qui contribue à la beauté de l'existence. Selon Tal Ben-Shahar, dont nous avons parlé précédemment, « tenir un journal renforce l'immunité et améliore la sociabilité* ».

---

* Tal Ben-Shahar, *L'Apprentissage du bonheur*, Belfond, 2008.

Concrètement, consacrez quelques minutes chaque soir à relever tout ce qui vous a fait du bien, des paroles, des gestes, des pensées ou encore des sensations, des émotions, bref, tout ce que vous avez aimé, apprécié, des situations ou des événements qui vous ont fait plaisir, des activités qui vous ont procuré de la joie, ce que vous avez reçu des autres (un compliment, du temps, une oreille attentive...). Tout cela ne doit plus passer inaperçu, car ces petits plaisirs, ces « kifs* » du quotidien pour reprendre l'expression de Florence Servan-Schreiber, sont de merveilleux générateurs de pensées positives.

Si vous aimez ce concept et que l'idée vous amuse, n'hésitez pas et sortez votre carnet pour y noter :

- les 3 qualités de la personne qui vous énerve, là, en ce moment précis ;
- vos 10 bonnes raisons d'être heureux aujourd'hui ;
- les 5 mercis que vous voudriez dire (à la vie, à votre père, à vos enfants, à votre chef...) ;
- les 3 choses que vous adorez faire dans la vie ;
- les 5 objets essentiels que vous emporteriez sur une île déserte, etc.

---

*Florence Servan-Schreiber, *3 kifs par jour*, Marabout, 2014.

Revivre ses succès

Si vous souffrez d'une faille narcissique, c'est que vous souffrez d'une blessure que vous vous attelez actuellement à soigner. Et vous êtes sur la bonne voie. Néanmoins, sachez une chose : vous n'êtes pas complètement nul ; vous n'avez pas été constamment nul ; vous avez, vous aussi, c'est certain, connu des moments de gloire. Malheureusement, ces souvenirs heureux ne vous sautent pas aux yeux tous les matins en vous levant. Et c'est fort dommage, car ils vous aideraient à vous considérer de façon plus sympathique.

Pour atténuer les critiques, les jugements, les reproches que vous vous adressez régulièrement, essayez de vous remémorer vos réussites, vos succès. Vous avez certainement pris des risques au cours de votre existence, vous avez osé, vous avez avancé, vous avez dépassé vos peurs et vos croyances limitantes, vous vous êtes étonné et peut-être même vous êtes-vous félicité (si vous ne l'avez pas fait, c'est le moment !).

Si nos échecs nous hantent, nous pouvons en atténuer les effets dévastateurs en nous remémorant des souvenirs et des expériences positives. Par exemple, si nous sommes terrorisés à l'idée de rencontrer tel nouveau client (ou tel amoureux potentiel), nous pouvons nous dire : « J'ai déjà réussi quelque chose de plus compliqué, alors pourquoi je n'arriverais pas à faire ça ? » Nous oublions souvent nos succès et nos esprits se concentrent sur les souvenirs négatifs. Renversons la vapeur !

Voici donc deux exercices qui peuvent vous aider à focaliser votre attention sur des expériences positives.

EXERCICE 1

Notez vos 3 plus grands exploits, des victoires même minimes ou anecdotiques, ce que vous considérez comme représenter un sacré succès.

› La situation : ....

Ce que j'ai fait, pensé, dit dont je peux être fier :

....

› La situation : ....

Ce que j'ai fait, pensé, dit dont je peux être fier :

....

› La situation : ....

Ce que j'ai fait, pensé, dit dont je peux être fier :

....

EXERCICE 2

Cet exercice de visualisation consiste à se souvenir d'un « moi » plus fort, plus solide, plus confiant, un moi que vous avez déjà incarné mais dans lequel vous avez du mal à vous reconnaître. Or ce « moi », c'est vous aussi, c'est bel et bien un aspect de vous-même.

› Installez-vous confortablement.

› Respirez profondément, sans forcer, pendant quelques minutes pour détendre votre corps.

› Ensuite, rappelez-vous de cette dernière fois où vous étiez plein de vie, bouillant d'énergie, sûr de vous. Remontez le temps aussi loin qu'il le faut pour retrouver ce moment si satisfaisant.

› Revivez la scène, visualisez les détails, les couleurs, les sons, les personnes qui vous entourent.

› Ressentez comme vous êtes optimiste et confiant.

› Écoutez les belles paroles que vous vous dites à ce moment-là.

Ces deux exercices vous permettront de « contrer » vos idées noires quand le doute et l'inquiétude s'empareront de vous. Ils ont l'immense intérêt de reposer sur des faits avérés, sur ce qui s'est réellement passé, sur ce dont vous êtes capable, vraiment. Vous pouvez donc vous fier à eux. Vous pouvez donc vous fier à vous. CQFD.

Se mettre en marche

Vous trouverez toujours de bonnes raisons pour voir le fameux verre à moitié vide, et de considérer que vous êtes... nul. En effet, les mécanismes psychiques qui vous conduisent à répéter vos rengaines négatives sont tenaces. Elles alimentent votre mal-être et renforcent vos croyances toxiques sur vous, les autres, le monde et la vie. Elles vous empoisonnent.

Cependant, parce que, non, nous ne vivons pas un long fleuve tranquille au pays de Bisounours, il faut reconnaître que certaines situations sont extrêmement difficiles à vivre. Et dans ces moments-là, il est bien difficile de relativiser, et plus encore de positiver.

Mais il convient alors de ne pas se tromper de problème et d'examiner la situation pour s'y s'attaquer, plutôt que de ruminer et de tourner en rond. La meilleure façon de venir à bout d'une difficulté est d'agir ! De trouver une solution plutôt que de poursuivre un bavardage mental improductif et plutôt anxiogène.

Revenons à l'exemple précédent. Souvenez-vous, vous avez raté quelque chose (un entretien, un rendez-vous, une occasion ou même votre poulet rôti...) et une petite voix vous susurrait à l'oreille : « Tu es nul. » Après avoir identifié la pensée négative, l'avoir considérée comme telle (une simple production psychique) et l'avoir dépossédée de son pouvoir sur vous (que vous seul lui accordez), il convient de... passer à l'acte ! De gérer non plus votre mental, mais bien la situation, c'est-à-dire ce que vous estimez avoir... raté.

Car rien ne génère plus de pensées agréables qu'une bonne action – comprenez une action opportune, une réaction à bon escient. Prenez donc l'habitude, quand vous êtes débordé par le mental, de le quitter pour en revenir aux faits. Que se passe-t-il ? Quel est le problème ? Que puis-je faire pour le régler ?

C'est ainsi que vous récupérerez votre potentiel, toutes vos capacités. Et si malgré ce recul, vous ne parvenez pas à trouver, sur le moment, de solutions adaptées, mettez-vous en marche, au premier sens du terme. Marchez ! Faites quelques pas, bougez, si possible à l'extérieur. Lorsqu'on se sent bloqué, empêché, remettre le corps en mouvement permet de récupérer de la liberté. On lâche prise car concrètement, on met un pied devant l'autre, donc on avance.

Admettre son impuissance et avancer

Oui, vous avez bien lu ! Il convient d'admettre que nous sommes parfois bel et bien impuissants ! À l'origine de nos ruminations mentales se trouve bien souvent une sorte de pression intérieure qui nous pousse à réagir dans l'urgence à une situation désagréable ou à répondre vite fait à un être parfaitement malfaisant.

Or, ne l'oublions pas, nous sommes responsables de nos sensations, de nos émotions, de nos pensées et de nos actes. Si nous avons l'impression de subir cette fameuse situation désagréable ou d'être la victime de l'être parfaitement malfaisant, c'est pourtant nous-mêmes qui éprouvons un ressenti de gêne et de malaise, nous qui examinons les événements d'un mauvais œil et produisons toute une flopée de pensées négatives.

Nous nous mettons nous-mêmes la pression. Cependant, il convient d'éviter de nous acharner contre ce qui ne peut être évité. L'idée, ici, est double. Il s'agit :

- de limiter autant que faire se peut l'apparition de pensées négatives en lâchant prise ;
- de produire, autant que faire se peut, des pensées positives pour temporiser la situation désagréable et/ou relativiser le comportement de l'être parfaitement malfaisant.

Limiter l'apparition de pensées négatives

Il y a certaines situations sur lesquelles vous pouvez agir ; et d'autres qui échappent totalement à votre contrôle, quand bien même votre motivation serait au top. Concrètement, vous ne pouvez rien contre les pensées, les émotions, les comportements, les réactions d'autrui. Ceux-ci lui appartiennent en propre. Il peut évidemment, si vous lui suggérez gentiment, les changer. Mais rien n'est moins sûr ! Inutile de ruminer. Vous ne pouvez rien non plus contre ce qui s'est passé. Si vous avez raté quelque chose, eh bien, vous l'avez raté, vous ne pouvez pas revenir en arrière ! Inutile, là encore, de penser au passé ; mieux vaut considérer ce qui est dans vos cordes, c'est-à-dire, ce que vous pouvez faire, là, tout de suite pour vous adapter et éventuellement réparer. Dernier point, vous ne pouvez rien contre les événements (la météo, les embouteillages...). Alors, bien sûr, vous pouvez râler ! Mais pariez d'ores et déjà que ça ne changera rien. Enfin... si. Votre état d'esprit.

Produire des pensées positives

Là, il va vous falloir réfléchir un peu. Il vous faut « recadrer » les choses pour appréhender la difficulté ou le problème comme une occasion et non plus comme une affreuse contrainte. On ne nie pas l'élément négatif, on s'en sert comme un point de référence et on imagine ce que la situation telle qu'elle est, contre laquelle on ne peut rien, peut offrir en termes de bénéfices. Par exemple, si vous avez raté quelque chose, vous pouvez vous dire : « J'en profiterai pour parfaire mes connaissances en la matière. » Ou si telle personne vous fait sortir de vos gonds, il peut être amusant de vous remémorer trois de ses qualités – en principe, ce sont les personnes de notre entourage qui ont l'art de nous affecter le plus ; nous savons donc, en temps normal, quelles sont leurs qualités.

Cet état d'esprit ne s'intègre pas du jour au lendemain. Mais plus vous ferez cette gymnastique mentale, plus vos idées noires s'estomperont au profit de représentations plus positives de la vie, du monde, des autres et, bien sûr, de vous-même. Et plus vous penserez à vous avec douceur et bienveillance, plus votre narcissisme se développera.

LA FUCK-IT THÉRAPIE

C'est un mouvement qui nous vient d'Angleterre et qui consiste à répondre « *Fuck it !* » à tout ce qui peut être source d'angoisse dans nos vies. À Londres, des stages sont même organisés pour apprendre à lâcher prise grâce à un simple juron. Cette philosophie, que nous pourrions traduire par « Oh et puis merde ! » ou « Rien à foutre ! » en français dans le texte, permettrait une petite production d'adrénaline salvatrice. L'inventeur du concept, un certain John Parkin*, explique qu'il permet de se défouler, de dédramatiser et de libérer son esprit. Utiliser le cynisme pour régler ses problèmes d'anxiété est selon lui

→

* *Rien à foutre, l'ultime voie spirituelle,* Contre-Dires, 2011.

« l'équivalent d'un massage de l'esprit ». Aussi bénéfique qu'une séance de relaxation et de méditation ? Nous vous laissons juge et libre de partir faire un stage en Angleterre.

LES 5 CLÉS DE CE CHAPITRE POUR DOPER VOTRE NARCISSISME

› Vos ruminations fragilisent votre estime de soi ; apprenez, non à faire taire votre juge intérieur, mais à vous mettre à distance de lui.

› Les pensées ne sont pas des faits ; ce sont de simples productions psychiques auxquelles vous choisissez d'adhérer... ou non.

› N'essayez pas de positiver en permanence et ne mettez pas la barre trop haut. Gardez en tête que le bon ratio, c'est trois pensées heureuses pour une pensée plus sombre.

› Vous pouvez être à l'origine d'images mentales constructives et enthousiasmantes, alors n'hésitez pas : multipliez les formules positives, soyez attentif à ce qui vous arrive d'agréable et souvenez-vous de vos succès.

› Il y a des choses sur lesquels vous pouvez agir et d'autres qui échappent à votre volonté ; gérez les problèmes qui peuvent l'être et lâchez prise quand vous n'y pouvez rien.

Chapitre 7

Savoir bien s'entourer

Comment obtenir amour, reconnaissance et valorisation ?

« Parce que quelqu'un qui croit en lui-même ne tente de convaincre les autres. Parce que quelqu'un qui croit en lui-même n'a pas besoin de l'approbation des autres. Parce que quelqu'un qui croit en lui-même, le monde entier l'accepte. »

Lao-Tseu

Parce que nous avons très probablement manqué dans l'enfance de reconnaissance et de valorisation, nous avons besoin d'affection plus que les autres. Nous avons besoin... d'amour ! D'où l'importance de nouer des liens de qualité qui réparent ceux qui n'ont pas pu se créer correctement dans le passé. Et il en va de même si notre blessure prend l'apparence de l'hyper-narcissisme. Il est temps de rééquilibrer nos relations pour mieux nous épanouir.

APPRENDRE À DIRE NON POUR MIEUX SE DIRE OUI

Bien s'entourer, c'est d'abord penser à soi avant de penser aux autres. Pas dans un but parfaitement égoïste – quoi que... Mais simplement pour répondre avant tout à nos besoins. Si tout être humain doit veiller à son propre bien-être, pour nous qui sommes plus fragiles, plus sensibles, c'est un impératif ! Nous l'avons vu au chapitre 4, il nous faut apprendre à repérer nos besoins, à bien veiller sur eux et à prendre soin de nous pour grimper sur leur pyramide.

VOUS AVEZ BESOIN D'OXYGÈNE !

Souvenez-vous des consignes de sécurité à bord d'un avion. En cas de dépressurisation, des masques à oxygène tombent automatiquement sur les passagers. Mais il vous est formellement demandé de placer et d'ajuster votre propre masque avant d'aider les autres. Vous ne pouvez pas prendre soin d'eux si vous-même vous manquez d'air ! Vous ne pouvez pas les aimer, les accompagner, les écouter si vous êtes en mode survie.

Ce qui implique d'apprendre à nous dire oui ; et donc parfois, d'apprendre à dire non à notre entourage, régulièrement en demande, voire légèrement exigeant. Changez de perspective : ce n'est pas *contre lui*, c'est *pour vous* que vous refusez.

Le hic, c'est que vous faites certainement partie des personnes que l'on dit « inhibées ». Selon la psychologue Natacha Quintard, « il existe trois sortes de comportements : agressif, inhibé et affirmé* ». Or, malheureusement, les blessures narcissiques n'incitent ni au premier (sauf dans le cas des « hyper-narcissiques »), ni au troisième (qui est l'apanage des individus au narcissisme équilibré).

Qu'est-ce que cela signifie concrètement ? Toujours selon Natacha Quintard, « on parlera de comportement passif, inhibé, lorsque l'on n'ose pas faire ce que l'on voudrait ou chaque fois que l'on n'exprime pas ses besoins. L'inhibé se sent vulnérable face aux autres, moins armé, plus faible ; il doute de lui, ne sait pas faire les bons choix, peut se sentir mal à l'aise, déçu, souvent frustré. »

---

* Natacha Quintard *in Le Guide de psychologie quotidienne,* sous la direction de Christophe André, Odile Jacob, 2008.

Vous vous reconnaissez dans cette description ? Alors il va falloir vraiment vous affirmer davantage pour ne pas vous laisser envahir. Rappelez-vous, vous avez besoin de mettre votre masque à oxygène en premier. Mais, pas de panique : ce n'est pas aussi insurmontable que ça ! L'assertivité, comme disent les pros de la com, ça s'apprend. Et ça s'expérimente en douceur.

Pour bien comprendre, prenons un exemple de la vie courante. Un très bon ami vous demande de garder son chien le week-end prochain. Vous trouvez l'animal fort sympathique mais vous aviez prévu de partir en famille. Certes, vous pourriez embarquer le chien. Mais franchement, vous n'en avez pas envie.

1. Prenez conscience de vos peurs : « Mon ami va m'en vouloir », « Ça va créer des problèmes dans notre groupe ».

2. Corrigez vos croyances : « Ça ne se fait pas de refuser d'aider ses amis », « Dire non, c'est égoïste ».

3. Soyez convaincu du bien-fondé de votre décision : « C'est pour moi et ma famille que je dis non, pas contre mon ami », « Refuser une chose, ce n'est pas refuser une personne ».

Se dire oui à soi, c'est aussi savoir formuler une demande quand on en a besoin. Les autres ont moins de scrupules, n'est-ce pas ? Mais vous, vous hésitez toujours à solliciter un coup de main. Nous vous entendons d'ici : « Demander, c'est mal élevé. » « L'autre pourrait deviner mes besoins. » « Ma demande va déranger. » « Ça ne sert à rien, il ou elle va refuser. » Le hic, c'est que toutes ces croyances font tourner la roue de la dévalorisation de soi.

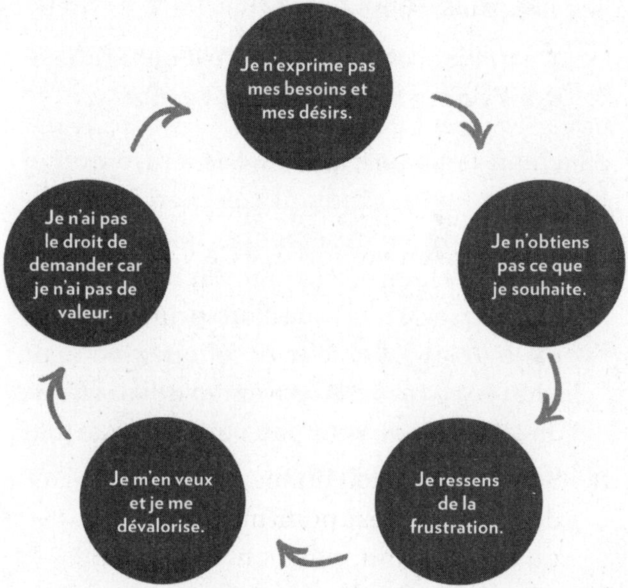

Alors, remplacez ces croyances qui vous inhibent par des pensées plus justes et plus constructives :

- Une demande simple, directe et claire permet à l'autre de savoir ce dont vous avez besoin.
- Demander n'est pas exiger ; vous êtes prêt à entendre un refus de sa part (ou vous lancer dans une négociation).
- Ce qui est sûr, c'est que si vous ne demandez pas, vous n'obtiendrez rien.
- Ce qui ne l'est pas (sûr), c'est qu'il refuse ; vous verrez bien au moment voulu.

Sachant cela, entraînez-vous à dire non et à demander en répétant ces exercices d'affirmation de soi. Augmentez leur difficulté progressivement puisqu'il s'agit davantage d'une course de fond que d'un sprint. Donnez-vous le droit à l'erreur et félicitez-vous de chacun de vos progrès. Soyez fier de vos efforts et du chemin que vous parcourez chaque jour pour sortir de l'impasse.

FAIRE LE TRI PARMI SES AMIS

Puisque nous parlons des amis, voyons combien ils sont. Certes, vous annoncez fièrement 721 contacts sur les réseaux sociaux. Mais ces relations vous sont-elles toutes utiles ? Surtout, vous enrichissent-elles ? Certains liens libèrent quand d'autres enchaînent, certains donnent de l'énergie quand d'autres nous plombent.

Vous êtes fragile, vous êtes sensible – et ce sont d'immenses qualités ! Alors, sans doute vous faut-il faire preuve de plus de vigilance dans le choix de vos proches. Vous avez besoin d'être bien entouré, de recevoir des autres reconnaissance et valorisation.

Pour la psychologue et psychanalyste Sylvie Protassieff*, « il nous faut aussi apprendre à nous protéger des personnes toxiques qui favorisent notre sentiment d'insuffisance : nous les avons choisies parce qu'elles nous donnaient à vivre ce que nous connaissons par cœur. Mais nous pouvons sortir de ces mauvaises habitudes ».

* Auteur de *Et si je m'aimais enfin ? Estime de soi, mode d'emploi*, Eyrolles, 2015.

C'est là que les choses se compliquent. Car il se peut que nous ayons pris l'habitude de fréquenter des personnes qui nous aiment, mais mal. Ce n'est pas une raison pour nous en vouloir : le cerveau a toujours peur de l'inconnu et il lui est difficile de changer. Nous reproduisons souvent des situations que nous connaissons, parce que nous pouvons y jouer le rôle dont nous avons l'habitude, celui qui nous est dévolu depuis l'enfance, que nous maîtrisons à la perfection. Par exemple, celui de victime. Ou de sauveur.

JULIE, 35 ANS

« EN AMOUR, JE RÉPÈTE TOUJOURS LES MÊMES SCÉNARIOS »

« Je suis une infirmière. Pas dans la vraie vie, non ! Je suis galeriste. Mais avec les hommes que je rencontre et dont je tombe amoureuse, je joue à l'infirmière. Ça me pèse de toujours m'occuper d'eux, j'ai l'impression que je ne compte pas. Mais j'ai remarqué qu'en amour, je répète toujours le même scénario. Une amie m'a dit un jour : "Tu as besoin qu'ils aient besoin de toi !" Peut-être. Sans doute aussi que j'en ai l'habitude. Mes parents m'ont eu sur le tard et, très jeune, j'ai appris à prendre soin d'eux, à faire tourner la maison. Alors oui, peut-être que ça me rassure d'avoir le même rôle. Mais ça me pèse aussi, je le répète. Parce que, du coup, je prends beaucoup de choses en

> charge. La même amie expliquait qu'ainsi je me sentais importante. Vous croyez, vous, que c'est pour me croire indispensable ? Si c'est ça, c'est contre-productif. Il faudrait que je change, non ? »

Changer est difficile, mais pas impossible ! Comment faire ? En commençant par opérer un tri sélectif. « Se libérer ou prendre de la distance avec les personnes qui, sans être toxiques, nous parasitent, c'est une façon de revenir à l'essentiel, estime la coach Marie-Laure Monneret. De mieux faire vivre les liens qui nous font du bien, mais aussi de nous permettre d'améliorer ceux qui sont complexes mais qui comptent*. »

SE LIBÉRER DES RELATIONS QUI NOUS PARASITENT

Pour cela, Marie-Laure Monneret a une technique infaillible :

› Faites la liste de vos relations.

› Parallèlement, réfléchissez aux valeurs qui sont pour vous importantes ; choisissez-en trois, par exemple, l'écoute, le respect, le soutien.

› Classez vos proches selon qu'ils contribuent un peu, beaucoup ou pas du tout à la satisfaction

→

* Marie-Laure Monneret, *Et si je me simplifiais la vie ?*, First, 2016.

de chacun de ces besoins ; mettez des notes si cela vous est plus facile.

› Vous obtenez alors une « contribution globale », négative pour certains, positive pour d'autres.

› Interrogez les résultats négatifs : « Que m'apporte cette relation ? A-t-elle quelque chose de bon pour moi ? Quoi précisément ? Qu'est-ce que cela me coûte de poursuivre cette relation telle quelle ? Ce coût est-il supérieur ou inférieur au bénéfice ? Est-ce une relation que je peux mettre de côté ? Est-ce que je peux/je veux l'améliorer ? »

N'hésitez pas à prendre vos distances si vous estimez que la relation est déséquilibrée. Avec le recul et le temps, vous serez plus fort et pourrez même reprendre contact dans de meilleures conditions. Si vous souhaitez donner une chance à cette relation, n'attendez pas que l'autre change : changez, vous, de posture, de regard et d'attentes.

ARRÊTER LES DISPUTES POUR RIEN

Comment apaiser ces relations tendues qui pourtant nous tiennent à cœur ? Rien ne nous mine plus que les disputes et les conflits. Ceux-ci ont l'art et la manière de nous fragiliser, de nous contrarier, de nous déstabiliser. Nous nous sentons en dessous de tout, nous culpabilisons ; ou, à l'inverse, nous en voulons à l'autre, le jugeons, le condamnons.

Il faudrait trouver le moyen d'enterrer la hache de guerre et vivre en paix ! Seulement, quand nous y pensons, nous sommes tentés de nous placer en victime de la fatalité et de chercher par tous les moyens à changer l'autre et/ou la situation. Jamais il ne nous viendrait à l'idée de faire un pas vers lui, craignant l'humiliation suprême !

L'Ho'oponopono

Pour dépasser nos peurs, et mettre en veilleuse notre orgueil, il existe une méthode qui a fait ses preuves : l'Ho'oponopono. Issue d'une tradition sociale et spirituelle de pardon et de réconciliation des anciens Hawaïens, cette méthode a été développée au XXe siècle par la chamane Morrnah Simeona, puis par les docteurs Ihaleakala Len et Joe Vitale.

De quoi s'agit-il ? D'une formule que l'on dit à l'intérieur de soi dès qu'un conflit surgit, entraînant avec lui son lot d'émotions et de pensées douloureuses : « Désolé. Pardon. Merci. Je t'aime. » Vu comme ça, vous vous dites qu'il s'agit d'un nouveau mantra à la façon du docteur Coué, mais plus exotique cette fois. Eh bien, vous vous trompez ! Car derrière ces mots simples se cache une véritable prise de conscience.

EN PRATIQUE

« Désolé » signifie que l'on reconnaît la situation ; ainsi, on exprime son émotion, sa tristesse.

› « Pardon » signifie que l'on reconnaît sa part de responsabilités ; ainsi, on exprime son désir de réparer.

› « Merci » signifie que l'on reconnaît l'opportunité de la situation même si l'expérience est désagréable ; ainsi on exprime sa reconnaissance.

› « Je t'aime » signifie que l'on reconnaît le lien qui nous unit ; ainsi on exprime le meilleur de soi.

Cette méthode ne s'attache pas seulement à résoudre les conflits. C'est véritablement une philosophie qui peut s'appliquer au quotidien.

Selon l'Ho'oponopono, notre famille, notre éducation, notre passé nous a légué un patrimoine génétique, avec des bonnes et des mauvaises habitudes. Ces « mémoires » sont stockées à l'intérieur de nous et font que l'on réagit à certains événements de telle ou telle façon. Tout cela entraîne des croyances et des peurs, un prisme qui déforme notre perception de la réalité. Voilà pourquoi il faut « nettoyer » notre existence en prononçant régulièrement ce mantra purificateur*.

DONNER DE L'AMOUR À CEUX QUI LE MÉRITENT

Au même titre que certains liens entretiennent notre fragilité narcissique, d'autres au contraire nous font un bien fou. Certaines personnes ont le don de nous mettre en confiance et de panser notre blessure. Auprès d'elles, nous nous sentons en sécurité, mais aussi plus libre, plus autonome, plus enthousiaste. Nous avons l'impression d'exister pleinement.

---

* Luc Bodin et Maria-Elisa Hurtado-Graciet, *Ho'oponopono*, Jouvence, 2011.

Nous avons abordé au début de ce livre la capacité de résilience. Mais il est un élément important que rappelle le psychiatre Michel Delage : « La résilience ne peut naître, croître et se développer que dans la relation à autrui. Les capacités adaptatives et les capacités à penser ne peuvent être mises en jeu qu'à partir de liens significatifs avec un environnement dans lesquels l'individu va pouvoir rencontrer ce que Boris Cyrulnik nomme les "tuteurs de résilience"*. »

En d'autres termes, la vie et la pensée ne peuvent reprendre que si des « nourritures affectives » bénéficient à l'individu. C'est l'entourage qui permet en grande partie de réparer une estime de soi blessée, un mal-amour de soi.

RENAÎTRE EN THÉRAPIE

L'objectif de cet ouvrage est de renforcer votre estime de soi pour parvenir à un équilibre, à un mieux-être avec les autres. Seulement, personne n'a jamais dit que vous deviez y parvenir seul. Si vous souffrez d'une grande fragilité intérieure, n'hésitez pas à demander l'aide d'un psy.

* « Résilience dans la famille et tuteurs de résilience. Qu'en fait le systémicien ? », *Thérapie familiale*, volume 25.

Geneviève Abrial, psychanalyste, l'explique très bien : « La cure analytique permet de restaurer un narcissisme qui a subi une dégradation. Soit en raison d'un traumatisme actuel, soit sous l'effet de rejets et blessures répétées, dans l'enfance. Une désorganisation psychique s'ensuit, qui demande réparation dans une thérapie, dont c'est le premier effet : reprendre une estime de soi suffisante, pour continuer le chemin*. » Lorsque la dévalorisation de soi est trop douloureuse, la thérapie offre la possibilité de recréer le lien qui n'a pas pu se construire avec le parent. Un cercle vertueux positif qui permet de reconstruire une bonne estime de soi, ni dans le trop, ni dans le trop peu.

Les relations qui vous font du bien n'ont pas besoin d'être nombreuses. D'abord, choisissez les cinq personnes qui vous revitalisent le plus. Puis décidez de nourrir ces liens davantage. Comment ? En donnant à ceux que vous aimez, tant c'est encore la meilleure façon de recevoir. Mais attention ! Pas n'importe comment...

Si nous sommes tous sensibles aux preuves d'amour, nous pouvons en donner de cinq façons différentes, d'après un best-seller

* www.genevieveabrial.com

américain habilement intitulé *Les 5 langages de l'amour**. Selon l'auteur, Gary Chapman, certains comportements touchent plus profondément que d'autres. Tout dépend de la personne qui reçoit. Ainsi, votre conjoint, collaborateur, mère, enfant, voisin peut apprécier que vous lui donniez :

- du temps, un moment privilégié. Des idées ? Passer voir un proche qui n'a pas le moral, réserver des places (concert, théâtre, expo) pour une soirée en amoureux...
- des mots doux, des paroles réconfortantes. Des idées ? Faire un compliment à l'un de vos parents, rédiger un commentaire positif sur le mur d'un ami (plutôt qu'un like !) ;
- un coup de main, un service. Des idées ? Demander à votre collègue si vous pouvez l'aider, prendre en charge une tâche qui ne vous est généralement pas dévolue (faire le café au bureau ou les devoirs du petit dernier) ;
- de la tendresse, un câlin, un baiser. Des idées ? Caresser la main de votre mère, multiplier les sourires en famille, vous blottir dans les bras de votre enfant (de la même façon que lui le fait) ;

---

* Gary Chapman, *Les 5 langages de l'amour*, Leduc.s, 2008.

- un cadeau. Des idées ? Envoyer un bouquet de fleurs, une jolie carte, etc.

Il s'agit de nous engager davantage dans les relations qui nous apportent de la joie, de nous investir, de les nourrir tout comme nous prenons soin d'une plante : si nous ne l'arrosons pas régulièrement, il y a fort à parier qu'elle dépérisse...

SE MÉFIER DES PERVERS NARCISSIQUES

Si nous devons enrichir les relations qui nous font du bien, nous devons mettre un terme à celles qui nous causent du tort. Bien évidemment, vous avez entendu parler de ces prédateurs modernes que sont les désormais célèbres pervers narcissiques. Mais rassurez-vous : ils ne sont pas partout, contrairement à ce que l'on peut penser. Peu de chances donc qu'ils fassent partie de vos proches. Néanmoins, ils existent, et parce que votre estime de soi n'est pas au mieux, il convient de rester vigilant et de vous protéger.

Qui sont-ils ? La psychothérapeute Anne-Clotilde Ziégler précise que « ce type de personnalité est à la fois porteuse de traits narcissiques (exagération de son importance, besoin d'être au centre de l'attention, indifférence pour l'autre) et de traits pervers (instrumentalisation d'autrui, transgression des lois, plaisir de la destruction). » Elle confirme aussi que la perversion narcissique n'a pas de sexe : « Parfois, la perversion féminine se fait plus discrète, donc moins repérable. Cela la rend d'autant plus redoutable*. »

SANDRINE, 50 ANS

« À FORCE DE SOUFFLER LE CHAUD ET LE FROID, IL ME RENDAIT FOLLE, AU SENS PROPRE »

« Rien que d'en parler, j'ai des frissons. Je suis resté dix ans avec cet homme, un homme que je vénérais. Au début, il avait déployé tant de charme pour me séduire. Il me traitait comme une reine, il disait que j'étais comme un bijou précieux... Pour moi qui me croyais banale, c'était un rêve. Et puis, dès qu'on s'est installé ensemble, son attitude a changé. Il me faisait des réflexions sur mes vêtements, sur ma façon de parler. Il était sarcastique, parfois agressif. Mais à chaque fois, il revenait, s'excusait, me disait que c'était parce qu'il m'aimait. Il soufflait le chaud et le froid en permanence et ça me rendait folle, au sens propre. Je ne comprenais rien à ce qui se passait, à son

* Anne-Clotilde Ziégler, *Pervers narcissiques, bas les masques !*, Solar, 2015.

comportement. Alors, je me disais : "C'est moi, c'est à cause de moi…" Il fallait bien trouver une raison à tant de méchancetés ! Je me détruisais toute seule. C'est finalement mon médecin traitant qui m'a mis la puce à l'oreille – j'avais perdu 15 kg en quelques mois, usée par les reproches, la fatigue. J'ai appelé une amie en prétextant un break. Il m'a littéralement harcelée de textos, de coups de fil, ce qui m'a permis d'enfin voir son vrai visage. Et heureusement. »

Comment savoir si le pervers narcissique en est un ? Ou si, plus simplement, c'est un manipulateur ? Pour le psychologue Antoine Spath*, auteur d'un excellent livre sur le sujet, il existe de réelles différences entre pervers narcissique et personnalité manipulatrice. Pour éviter de vous tromper, donc d'éviter de projeter vos fantasmes et vos angoisses sur votre sœur légèrement hystérique ou sur votre père un brin autoritaire, le psychologue a listé vingt comportements qui les différencient.

* Antoine Spath, *Ne plus se laisser manipuler*, Leduc.s, 2015.

Le pervers narcissique	Le manipulateur
Il ne s'excuse pas, c'est pour lui une règle absolue.	Il lui arrive de s'excuser.
Il souffle alternativement le chaud et le froid.	Le climat relationnel entre vous est plus neutre, moins mouvementé.
Il est impossible de repérer quand il ment.	Il est facile de repérer ses mensonges.
Quand vous lui exprimez une émotion, il s'en sert.	Il est capable d'entendre les émotions pour ce qu'elles sont, sans s'en servir ultérieurement.
Il se sent investi d'une mission, d'une grande destinée. Il est mégalomaniaque.	Il a des objectifs et une vision de lui-même beaucoup plus terre à terre.
Avec lui, vous vivez constamment dans la peur.	Le climat de tension qui l'entoure n'est pas permanent.
On ne peut jamais le prendre en défaut.	Il est possible de le prendre en défaut.
Il a listé précisément tous vos besoins et toutes vos envies pour pouvoir en tirer parti.	Il est à l'écoute de vos besoins et envies pour en tirer un avantage mais n'a pas établi de listing précis.
Son but est de vous annihiler.	Son but est de satisfaire ses propres besoins.
Vous avez honte de ce qu'il vous fait subir.	Vous ressentez envers lui de la colère ou de la rancœur.

Le pervers narcissique	Le manipulateur
Vous avez le sentiment d'entretenir avec lui une relation irrationnelle.	La relation que vous entretenez a toujours un but, un objectif précis et limité.
Face à lui, vous vous sentez toujours obligé de vous justifier.	Face à lui, vous n'avez pas constamment le besoin de vous justifier.
Vous avez le sentiment qu'il sait lire dans vos pensées.	Vous avez le sentiment de garder, malgré tout, un jardin secret.
Il ne ressent jamais de culpabilité pour ses actes.	Il lui arrive parfois de se sentir coupable de ses actes.
Quelle que soit la situation, il se montre toujours infaillible.	Il peut montrer ses failles dans certaines situations.
Il a besoin que vous manifestiez une dévotion à son égard.	Il a juste besoin d'une attention de votre part.
Votre relation est marquée par un sentiment d'exclusivité.	Vous avez chacun des espaces séparés dans lesquels vous pouvez évoluer.
Il est très attentif à son image, qui doit toujours être impeccable.	Il n'est pas totalement obsédé par son image.
Il ne supporte pas la critique.	Il est capable de se remettre en cause, parfois.
Il n'avoue jamais sa faute.	Il lui arrive d'avouer ses erreurs ou ses subterfuges

Si vous découvrez grâce cette description que l'un de vos proches ressemble à s'y méprendre à un pervers narcissique, ne réfléchissez pas trop longtemps : coupez les ponts. Parce que cela peut être difficile, n'hésitez pas à demander de l'aide, auprès d'une association ou d'un thérapeute.

Et souvenez-vous d'une chose importante : le pervers narcissique souffre lui aussi d'une immense blessure narcissique. Mais il n'a absolument pas l'intention de la soigner.

LES 5 CLÉS DE CE CHAPITRE POUR DOPER VOTRE NARCISSISME

› S'affirmer s'apprend. Entraînez-vous à dire non et à exprimer vos besoins et vos sentiments. Commencez par des situations faciles puis augmentez progressivement la difficulté.

› Interrogez vos relations pour déterminer si elles vous boostent ou si elles vous plombent.

› Si vous souhaitez embellir ou apaiser l'une d'entre elles, faîtes le premier pas.

› Ne vous contentez pas de profiter des liens qui vous font du bien, nourrissez-les en offrant des preuves d'amour.

› N'hésitez pas à rompre avec les personnes toxiques qui vous font du mal ; n'essayez pas de les aider, ni de les changer : fuyez !

Chapitre 8

Agir au quotidien

Comment vous comporter pour doper votre narcissisme ?

« Personne ne peut vous faire sentir inférieur sans votre consentement. »

Eleanor Roosevelt

Lorsque nous nous lançons dans la réflexion, l'introspection, l'analyse, le raisonnement, nous avançons. Car nous prenons conscience de nos mécanismes de défense et comprenons mieux la façon dont nous fonctionnons. Néanmoins, il nous faut progresser plus encore en agissant. Comment inviter d'autres comportements dans nos vies ? C'est le programme de ce chapitre.

Il faut y aller ! Mais où ? Selon le coach Anthony Robbins, « nos objectifs doivent porter sur les moyens d'arriver à nos fins et non sur nos fins en soi* ». Et quel est le meilleur moyen d'arriver à vos fins ? D'oser changer de comportements au quotidien afin de ressentir de belles sensations, profiter d'émotions agréables et de savourer des pensées positives. (Mais cela, vous l'aviez compris !)

Une personne dont le narcissisme est solide agit et fait preuve d'efficacité, d'ouverture, de gratitude, d'imagination, d'audace, de gaieté, de conviction, de franchise, de confiance.

Certes, de telles attitudes peuvent vous paraître encore inaccessibles, vous qui avancez à petit pas sur le chemin d'une meilleure estime de soi. Mais vous pouvez, au quotidien, les adopter, quitte, au début, à faire un peu semblant. C'est ainsi que vous développerez un « moi » plus fort, en faisant l'expérience de ces comportements, en multipliant les petits pas, en avançant doucement mais sûrement vers votre projet.

Un petit mot en passant pour les hyper-narcissiques ! C'est également en changeant de

* Anthony Robbins, *Pouvoir illimité. Changez de vie avec la PNL*, J'ai lu, 2008.

comportement, en adoptant ces mêmes neuf attitudes, que vous pourrez vous lier davantage aux autres et retrouver cet équilibre qui vous manque.

SORTIR DE L'ENFERMEMENT

Parce que, chez vous, l'image de soi n'est pas la plus belle qui soit, vous restez enfermé dans vos habitudes. Plus vous ferez preuve d'ouverture, d'efficacité et de gratitude, plus vous expérimenterez vos capacités, plus elles vous apparaîtront valables et fiables.

Faire preuve d'ouverture

Ouverture d'esprit : aptitude à comprendre des questions diverses et nouvelles, à admettre des points de vue opposés*.

S'ouvrir à soi, à l'autre, au monde, oui, mais pourquoi faire ? Pour élargir le champ des possibles ! Il s'agit ici de vous libérer de vos préjugés : non, nos croyances ne sont pas des vérités vraies, de

* Toutes les définitions données dans ce chapitre proviennent du dictionnaire Larousse.

même que nos idées reçues même si nous vivons avec elles depuis la nuit des temps. Souvenez-vous, elles se sont construites au fil de notre histoire, et très souvent à la suite d'événements peu agréables. Le hic, c'est qu'elles nous enferment et nous inhibent, elles empêchent d'aller à la rencontre de soi, de l'autre et du monde.

Alors, pourquoi de pas les mettre en doute ? Certes, c'est bien le contraire que nous vous conseillons de faire depuis le début de ce livre, nous qui vous suggérons de vous faire davantage confiance. Mais il ne s'agit pas de sortir d'une certitude pour s'en forger d'autres ! L'idée est de découvrir une nouvelle ouverture d'esprit.

Rester ouvert d'esprit, c'est aussi accepter de ne pas tout savoir, de ne pas tout maîtriser. De se laisser porter parfois. Nous avons dans cet ouvrage voulu restaurer cette estime de soi qui était bien fragile. Toutefois, rien ne nous empêche, en parallèle du travail que nous effectuons sur notre monde intérieur, de nous inspirer de celui des autres, de les écouter, d'être curieux, intéressé. Les échanges avec notre entourage peuvent nous faire grandir. Nous pouvons aussi apprendre, progresser et nous renforcer.

Cette ouverture sur soi, sur l'autre et sur le monde suppose tolérance et respect. Il nous faut accueillir et non plus rejeter en bloc, par réactions, via des mécanismes de défense qui se sont installés avec le temps. C'est être plus libre finalement. Une solide estime de soi repose sur des relations où tout le monde gagne (non à la fin mais au présent).

Alors, tâchez de ne pas rester engoncé dans vos certitudes et faites le pari de regarder les événements, les situations, les gens d'un œil neuf. Donnez-leur une chance de vous surprendre et de vous permettre d'apprendre.

Faire preuve d'efficacité

Efficacité : caractère de ce qui est efficace : effet, action utile ; caractère d'une personne, d'un organisme efficace, qui produit le maximum de résultats avec le minimum d'efforts, de moyens.

L'un de nos nombreux bâtons dans les roues (autrement dit, l'un de nos obstacles à une meilleure estime de soi) porte le doux nom de « procrastination ». Évidemment, parce que nous nous jugeons totalement incompétents, pour ne pas dire en dessous de tout, nous avons du mal à passer à l'action, même pour des choses très simples, comme payer la facture d'électricité ou prendre rendez-vous chez le médecin.

Or, il n'y a rien de pire pour entretenir notre fragilité narcissique : nous savons que nous devons faire quelque chose, nous le remettons au lendemain, nous culpabilisons (sinon, ce serait trop simple), nous ruminons, et nous condamnons sans retenue. Et quand, au contraire, par miracle, nous osons effectuer la tâche en question, incroyable, notre image de nous-mêmes s'embellit ! Nous éprouvons de la fierté, ou au moins du contentement : « Ça, c'est fait ! »

Alors, n'hésitez plus et essayez d'éviter le piège de la procrastination. Organisez-vous, faites une liste de tout ce que vous avez à faire, établissez des priorités en fonction du niveau d'urgence et du niveau d'importance de vos obligations et ne réfléchissez plus, foncez. N'oubliez pas de barrer les tâches au fur et à mesure que vous les effectuez : il n'y a rien de plus jubilatoire. Être efficace, c'est multiplier les actions utiles. Et ces actions peuvent être toutes petites, voire anodines, elles n'en seront pas moins sources de satisfaction.

Attention, cependant : ne cédez pas à la tentation de surcharger votre emploi du temps et de faire une *to-do list* sans fin. C'est le meilleur moyen pour perdre du temps et de l'énergie, et finalement ne rien faire du tout ! Ne retombez pas dans cette illusion de perfection et de performance. Il ne s'agit pas d'en faire plus, mais de le faire mieux.

Lorsque vous planifiez ainsi vos activités, tenez toujours compte d'un timing raisonnable et surtout... de vous, de votre forme, de vos capacités, etc. Si c'est pour vous apercevoir que vous n'êtes pas à la hauteur et confirmer votre nullité, ça ne sert à rien ! On retourne à la case départ. Donc, ce qu'on prévoit de faire doit rester raisonnable, réaliste, bref faisable. Et on le fait !

Faire preuve de gratitude

Gratitude : reconnaissance pour un service, pour un bienfait reçu ; sentiment affectueux envers un bienfaiteur.

Grâce aux neurosciences, on connaît désormais les bienfaits de la gratitude sur la santé et les relations. En effet, de nombreuses recherches mettent en évidence le lien entre l'expérience de la gratitude et ses conséquences positives, tant sur le plan physiologique que psychologique ou relationnel. Son impact sur le stress, l'anxiété, le sommeil et même le grignotage intempestif a été scientifiquement prouvé.

Depuis quelques années déjà, spécialistes et journalistes en font les louanges à travers des livres, des articles ou des interviews, comme le docteur Frédéric Saldmann sur RTL : « Dire merci, c'est sécréter de la dopamine, l'hormone du plaisir qui fait beaucoup de bien. Se satisfaire de ce que l'on a avec contentement, c'est un rempart contre le "toujours plus" de la société de consommation qui rend très malheureux* ». D'après lui, la gratitude permet d'allonger ces fameux télomères qui sont les petits manchons au bout des chromosomes. « Plus ils sont longs, plus on va vivre longtemps et en bonne santé. » Pratiquer la gratitude fait donc un bien fou – sans coûter un centime !

Être reconnaissant, c'est se concentrer sur ce qui va bien dans sa vie, prendre conscience du positif, focaliser sur ce qui rend heureux

* www.rtl.fr/actu/bien-etre/les-bienfaits-insoupconnes-de-la-gratitude-pour-la-sante-7791571920

plutôt que ruminer sur ce qui frustre. C'est donc instantanément relativiser et prendre du recul. Et tout ça grâce à un petit mot de cinq lettres. Pourquoi diable voudriez-vous vous en priver ?

Car avec lui, vous augmentez votre espérance de vie ! « Une autre étude a été menée sur des personnes suivant un programme de gratitude qui consiste à remercier la vie, les autres, et soi-même, plusieurs fois par jour. Il a été montré que leur état inflammatoire était au plus bas, et que leur état cardiovasculaire était bien meilleur que ceux qui ne pratiquaient pas la gratitude », poursuit Frédéric Saldmann.

Alors, quitte à vous forcer au début, prenez l'habitude d'exprimer régulièrement votre gratitude. Au quotidien, exercez-vous et soyez attentif à tous les bienfaits que vous offre l'existence. Ce peut être le sourire d'un voisin, un temps particulièrement clément, une coïncidence amusante, le regard de vos enfants, le coup de main d'un collègue, etc. Il s'agit de relever tous ces petits moments de bonheur pour devenir plus optimiste et plus heureux. Cerise sur le gâteau, vous faites du bien aux autres. Un véritable cercle vertueux.

OSER

Évidemment, vous appréciez votre zone de confort, ces situations ou ces relations dans lesquelles vous vous sentez en sécurité parce que vous les connaissez par cœur. Cependant, si vous osez l'imagination, l'audace et la gaieté, vous gagnerez en estime de soi.

Faire preuve d'imagination

Imagination : faculté de l'esprit d'évoquer, sous forme d'images mentales, des objets ou des faits connus par une perception, une expérience antérieure ; fonction par laquelle l'esprit voit, se représente, sous une forme sensible, concrète, des êtres, des choses, des situations dont il n'a pas eu une expérience directe ; capacité d'élaborer des images et des conceptions nouvelles, de trouver des solutions originales à des problèmes.

Vous pensez manquer d'imagination ? Non. Simplement, il est probable que vous ne l'ayez pas exercée, faute de confiance en vous. Mais, parce que tout le monde a un cerveau, tout le monde possède cette merveilleuse capacité d'imaginer. Ne croyez surtout pas que la créativité est l'apanage des seuls artistes, des inventeurs ou des marginaux, voire des « poètes disparus ». C'est un don que vous aussi avez reçu à la naissance et qu'il convient de révéler.

- Première étape : cessez de vous dire : « Je n'ai aucune imagination, je ne suis pas créatif du tout. » Vous vous brimez vous-même !
- Seconde étape : réactivez votre intuition. Prenez conscience de ce qui résonne en vous et développez l'habitude de rester en contact avec votre voix intérieure. Non, pas celle qui vous susurre à l'oreille que vous êtes nul, mais celle qui fait suite à votre perception du monde qui vous entoure, celle qui capte l'énergie des choses, des gens.

C'EST QUOI, L'ÉNERGIE ?

L'énergie *est* partout, chaque élément possède son propre rayonnement, les meubles, les plantes mais aussi les individus que nous sommes. Elle est cette force subtile, physique, mentale et spirituelle qui nous anime. Mais elle est aussi ce lien qui nous unit les uns aux autres et au monde, de manière inconsciente et invisible. C'est elle qui va nous faire sentir les « bonnes vibrations » d'un lieu en entrant quelque part ; ou nous faire dire que « le courant passe bien » avec telle autre personne.

Notre société a tendance à mettre de côté l'intuition au profit de la logique supposément plus fiable. Mais rappelez-vous que les idées les plus créatives ne sont pas toutes issues de nos raisonnements cartésiens. Alors, lancez-vous ! Soyez plus à l'écoute de ce que vos sens perçoivent.

Prenez aussi le temps de rêvasser, d'observer les étoiles, d'inventer la suite d'un roman ou la vie qui se déroule derrière les fenêtres d'en face. Évitez surtout d'être passif devant un écran du matin au soir. Vous pouvez aussi vous mettre à une activité artistique, comme la peinture (même abstraite…) ou l'écriture. Si vous n'avez pas d'idée, écrivez-le, partez de là. Pourquoi n'avez-vous aucune idée ? Qu'est-ce que cela vous fait de n'avoir aucune idée ? Vous verrez que, par magie, les mots courront sur le papier.

Développer votre imagination vous permettra ensuite de vous en servir. Vous trouverez plus de solutions créatives à vos problèmes, par exemple, et pourrez profiter plus facilement de toutes les techniques de visualisation. En cas de rendez-vous anxiogène, par exemple, avec un client ou un amoureux potentiel, vous pourrez anticiper et imaginer que les choses se déroulent de la plus merveilleuse des façons. De quoi doper votre narcissisme en quelques minutes !

Faire preuve d'audace

Audace : hardiesse qui ne connaît ni obstacle ni limite ; courage. *Péjoratif :* attitude de quelqu'un qui méprise les limites imposées par les convenances ; impertinence, insolence.

C'est volontairement que nous avons retranscrit ici la définition « péjorative » de l'audace. Car elle vous concerne aussi, figurez-vous. En effet, il ne s'agit pas tant de mépriser que d'aller au-delà des limites que vous vous imposez vous-même au nom de convenances toutes personnelles, au nom de vos croyances. Soyez impertinent envers votre ancien « vous » !

Osez prendre des risques car ils vous permettront de vous révéler. Surmontez votre peur de l'inconnu. Essayez de nouvelles façons d'être, de vivre, de bouger, de penser, ayez de nouvelles idées et pratiquez de nouvelles activités. Les règles et la routine sécurisent mais elles inhibent votre potentiel. Il en va de même pour votre peur de l'échec.

Devenus légèrement « esclaves » de nos habitudes, d'une certaine routine ou surtout du qu'en-dira-t-on, risquer a comme disparu de notre vocabulaire. Ce ne sera pas facile mais vous pouvez :

- reconsidérer vos fameuses « règles de bonne conduite » pour déterminer si elles vous sont vraiment utiles ;
- écouter votre peur, l'accueillir, profiter de son message pour repérer avantages et inconvénients, puis oser faire avec. Car la peur n'empêche pas le danger, ne l'oubliez pas...

SAMIR, 37 ANS

« J'AI TOUJOURS PEUR D'ÉCHOUER »

« Je n'ai jamais été un garçon très téméraire. Quand tous les copains grimpaient aux arbres et tentaient le diable en skate, moi, je restais bien assis, les deux pieds sur Terre ! À l'époque, je ne savais pas bien pourquoi... Mais aujourd'hui j'ai identifié ma peur. Je n'y vais pas parce que j'ai peur de l'échec. Enfant, j'avais peur de tomber de l'arbre ou de rater la figure en skate. Adulte, c'est un peu pareil. Je n'ai même jamais réussi à aborder celle qui allait devenir mon épouse quand je l'ai

> rencontrée. C'est elle qui a dû faire le premier pas. Et l'année dernière, quand le patron de l'agence immobilière m'a proposé d'encadrer nos jeunes recrues, en parallèle de mon poste, j'ai refusé. Pourtant, j'étais flatté et transmettre aux autres me plaît énormément. Mais je n'ai pas osé. C'était trop risqué, je pouvais mal m'y prendre. L'échec, pour moi, c'est comme une honte. Je préfère ne pas tenter que risquer l'opprobre. Mais évidemment ça ne m'aide pas à avoir une belle image de moi. Je reste le petit garçon mort de trouille… »

Il n'est pas nécessaire de sauter en parachute ou de miser une année de salaire aux courses hippiques. Prendre un risque, ce peut être simplement dire « non » alors que vous passez votre temps à dire « oui » à tout le monde, aborder cet inconnu(e) qui vous plaît, rire ou même déplaire, ou encore faire confiance.

C'est faire le pari de la vie, c'est finalement aller vers l'inconnu, expérimenter et apprendre. Rappelez-vous des risques (inconsidérés, avec le recul…) que vous avez pris quand, petit, vous avez appris à marcher. N'était-ce pas risqué de vous lancer de la sorte ? Vous êtes tombé mille fois. Vous vous êtes relevé mille fois. Et depuis vous marchez. Souvenez-vous de cette métaphore quand vous oserez l'inhabituel.

Faire preuve de gaieté

Gaieté : bonne humeur, disposition à rire ou à s'amuser ; caractère de ce qui manifeste la bonne humeur ou qui y dispose.

Vous vous en souvenez certainement puisque qu'il en a déjà été question au chapitre 5 : la joie est la première des émotions de base. Elle indique que nous ne manquons de rien, que nos besoins sont satisfaits, que tout va bien dans notre vie. Le corps puis l'esprit mobilise son énergie pour nourrir cet élan de vie tout à fait favorable. En deux mots, c'est le bonheur et on en redemande.

De même que vous diminuez l'impact des pensées négatives en ajoutant, en conscience, une bonne dose de pensées positives, vous pouvez tempérer les trois émotions, non pas négatives, mais, avouons-le, difficiles à vivre, en instillant dans votre existence des moments de pure gaieté. Comme pour les attitudes précédentes, il ne s'agit pas d'être plus royaliste que le roi et de devenir champion de blagues douteuses. Mais simplement de mieux cerner ce qui vous fait plaisir (à vous et pas aux membres de votre famille, vraiment et pas selon ce qui est à la mode en ce moment) et de multiplier ces instants de bonheur.

Tâchez de trouver du plaisir dans les choses simples. Les sensations de manque et de frustration surviennent lorsqu'on oublie les plaisirs d'un câlin, des premières fraises de l'année, d'un morceau de musique écouté mille fois ou d'un simple brin d'herbe. Essayez de relever pendant une semaine entière tout ce que vous faites. Puis, triez et repérer ce qui vous fait vraiment du bien, ce qui vous « met en joie ».

À LA RECHERCHE DU *FLOW*

Pour savoir si une activité vous porte, sachez que celle-ci doit vous procurer la sensation que le temps s'arrête. En psychologie positive, on appelle cela le flow, le flux dans la langue de Molière. C'est « un état mental atteint par une personne lorsqu'elle est complètement plongée dans une activité, et se trouve dans un état maximal de concentration, de plein engagement et de satisfaction dans son accomplissement. »* En gros, vous êtes complètement absorbé par votre occupation. Ce concept, élaboré par le psychologue Mihály Csíkszentmihályi, est désormais utilisé dans de nombreux domaines comme le sport et l'éducation mais aussi la spiritualité et même l'amour.

* fr.wikipedia.org/wiki/Flow_(psychologie)

Si vous ne vous trouvez pas de hobbies, jouez dès que vous le pouvez. Amusez-vous à être en vie ! Vous pouvez jouer au touriste dans votre propre ville. Ou organiser une soirée tarot, pétanque ou scrabble entre amis. Ou jouer tel rôle (pas nécessairement celui du clown) en faisant vos courses. Bref, ne soyez pas toujours sérieux, prenez les choses à la légère de temps en temps.

Derniers conseils : apprenez. Prenez les cours de piano ou de chinois dont vous rêvez depuis longtemps. Lisez de la poésie pour vous inspirer, des livres pour vous motiver, des romans pour vous échapper. Il n'y a rien de mieux pour retrouver cette fameuse « joie de vivre » qui ne tient pas du concept philosophique mais de toutes petites démarches personnelles enthousiasmantes.

S'EXPRIMER

Parce que vous avez peur d'être jugé, rejeté, mal compris, mal aimé, moqué, vous avez du mal à donner (le meilleur) de vous-même. Pourtant, c'est en osant vous exprimer davantage que vous gagnerez en estime de soi. Au programme, de la franchise, de la conviction et de la confiance.

Faire preuve de franchise

Franchise : qualité de quelqu'un, des propos de quelqu'un, qui ne dissimule pas sa pensée, qui parle ouvertement ; qualité de quelqu'un, du comportement de quelqu'un qui agit avec loyauté.

Nous aurions pu choisir le terme d'honnêteté en lieu et place de celui de franchise, même si, vous le constatez vous-même, ils sont synonymes. Mais la franchise a quelque chose à voir avec la loyauté, ce qui nous a bien plu !

Cette attitude en suppose en réalité deux : il s'agit d'être franc avec soi, c'est-à-dire de reconnaître ce que l'on éprouve, ce que l'on pense et la façon dont on agit ; et de l'être avec les autres, c'est-à-dire d'exprimer ce que l'on éprouve, ce que l'on pense et la façon dont on agit. Il est question de loyauté envers soi et envers autrui. Et si l'on se ment à soi-même, consciemment ou par flemme d'un travail sur soi, par peur d'une remise en question, comment pourrait-on faire preuve de franchise avec son entourage (non, vous n'êtes pas tenu de dire toute votre vérité à cette belle-sœur que vous détestez...).

Au fil de ces pages, vous avez sans doute appris à mieux vous connaître et mieux vous accepter, vous et votre blessure, votre fragilité, vous et vos talents, vous et vos émotions parfois déstabilisantes mais nécessaires à votre survie, vous et vos pensées, que vous êtes capable de diriger vers l'optimisme, vous et votre corps, bien sûr, qui est votre plus fidèle allié.

Vous avez donc progressé d'un grand pas. Reste à accueillir tout cela, votre authenticité finalement, pour mieux la restituer à l'autre. Apprenez, dès aujourd'hui, à parler en votre nom, en évitant projections et exigences, à simplement exprimer :

- ce que vous constatez d'une situation qui vous pose problème : les faits ;
- ce que vous éprouvez dans cette situation : votre ressenti, vos sentiments ;
- ce dont vous avez besoin pour retrouver l'équilibre : reconnaissance, attention ; etc. ;
- ce que vous proposez à l'autre pour y parvenir.

Ces quatre grands principes sont issus de la CNV, la communication non violente, une méthode qui fait ses preuves depuis son élaboration par le psychologue américain Marshall

Rosenberg*. Mais ne l'utilisez pas seulement en cas de crises. Invitez-la dans votre quotidien, lorsque le contexte est favorable, lorsque vous êtes heureux. Dites-le ! Rappelez les faits, partagez le bonheur que vous avez éprouvé, parlez de ce besoin qui a été comblé, et proposez de multiplier les occasions !

Ainsi, vous prenez l'habitude. Et il vous sera plus facile d'exprimer votre frustration le moment venu. Rappelez-vous qu'il y a un bon ratio d'interactions positives et d'interactions négatives pour conserver l'équilibre. Mettez du poids du bon côté de la balance.

Faire preuve de conviction

Conviction : principe, idée qui a un caractère fondamental pour quelqu'un ; conscience que l'on a de l'importance, de l'utilité, du bien-fondé de ce que l'on fait, sérieux.

Vous vous en doutez après avoir lu la définition précédente, il s'agit ici d'insister sur les

---

* Pour en savoir plus : Marshall Rosenberg, *Les mots sont des fenêtres (ou bien ce sont des murs) ; Introduction à la communication non violente*, La Découverte, 1999.

mots « conscience que l'on a de l'importance, de l'utilité, du bien-fondé de ce que l'on fait. » Tout est dit, n'est-ce pas ? Plus vous vous sentirez absolument légitime dans vos choix, plus vous accorderez de valeur à la personne que vous êtes, à ce qu'elle ressent, éprouve, pense et fait, plus votre estime de soi se renforcera.

FRANÇOISE, 52 ANS

« JE NE SUIS JAMAIS SÛRE DE MOI »

« Parler en public est sans doute la pire des situations pour moi. Et je ne vous parle pas de donner une conférence. Même entre amis, à un dîner par exemple, quand vient mon tour de donner de mes nouvelles, de raconter quelque chose, je rougis, je bafouille, j'ai chaud… Je ne sais pas quoi dire, ni comment le dire. Souvent, aussi, quand on me demande mon avis, eh bien, je n'en ai pas ! Vraiment. J'écoute les uns et je suis d'accord avec eux. Et puis j'écoute les autres et là encore je suis d'accord. Je ne suis jamais sûre de moi, je veux dire, je n'ai pas de convictions, pas de points de vue à défendre. Et c'est désagréable parce qu'alors je me trouve totalement sans intérêt. Et de fait, ce que je dis, ou plutôt le peu que j'arrive à dire, ce n'est pas intéressant, ce n'est pas drôle, c'est souvent à côté de la plaque. Ce qui est étrange, c'est que je suis plus à l'aise à l'écrit… Je crois que c'est la présence de l'autre qui me paralyse. »

Attention ! Avoir des convictions, ce n'est pas, dans ce contexte, avoir des croyances. C'est être convaincu. Or vous l'êtes puisque vous lisez cet ouvrage. Vous savez ce qui est bon et juste pour vous. Vous savez qu'il vous faut guérir de cette blessure identitaire qui vous empêche d'avancer. Vous n'aurez donc pas trop de souci à adopter cette nouvelle attitude. Vous avez un projet et soyez-en sûr, c'est le bon.

Mais gardez ce même état d'esprit lorsque vous décidez de faire telle ou telle chose, que ce soit de sonner chez le voisin parce qu'il fait trop de bruit ou de dire au boucher que 200 g de steak haché, ce n'est pas 350. Il s'agit finalement d'être sûr que l'on est dans son bon droit. Et de le faire respecter. Vous n'avez pas à vous excuser.

Faire preuve de confiance

Confiance : assurance, hardiesse, courage qui vient de la conscience qu'on a de sa valeur, de sa chance ; sentiment de quelqu'un qui se fie entièrement à quelqu'un d'autre, à quelque chose ; sentiment d'assurance, de sécurité.

Avoir conscience de sa valeur et de sa chance ! Si seulement, vous disiez-vous avant de commencer ce livre. Oui mais après sa lecture, croyez-vous toujours que ce soit impossible ?

Nous avons parlé tout au long de ces pages de la notion d'estime de soi. Mais cette estime ne va pas sans son corollaire la confiance en soi. Ce n'est que parce que l'enfant construit un sentiment de sécurité (une solide confiance en soi) qu'il peut ensuite être assuré d'un sentiment d'identité (la fameuse estime de soi). C'est parce qu'il a confiance qu'il peut s'assumer singulier, différent. Voyez-vous la subtilité ?

Évidemment, ça se travaille, une telle aptitude ! Et quand on est mal parti dans la vie, elle met un peu de temps à se renforcer. Mais c'est possible. À condition, comme pour le narcissisme, que l'on prenne sa fragilité à bras-le-corps. Ou plutôt dans ses bras.

Car il n'est pas ici question de devenir Superman ou Wonder Woman. Comme dit le proverbe : « La confiance en soi ne vient pas lorsque tu as toutes les réponses, mais lorsque tu es prêt à faire face à toutes les questions. »

Comme pour la franchise, la confiance a deux versants : celle que l'on s'accorde à soi-même et celle que l'on accorde aux autres. Vous devrez donc jouer sur les deux tableaux ! Apprendre à vous fier à vous (vous vous souvenez, le corps, les sensations, les émotions, les pensées) et accepter de vous ouvrir et de vous fier à l'autre, à la vie même, à ce qui vous arrive et que vous surmonterez.

Évidemment, vous échouerez parfois. Vous aurez peur, vous serez en colère, vous serez triste. Vous penserez n'importe comment. Vous réagirez très mal. Mais c'est là, la vie. Construire un narcissisme solide, c'est simplement pouvoir plier sous le poids de la pluie quand un violent orage nous fait vaciller. Mais, tel l'épi de blé, se relever quand le soleil réapparaît. Soyez certain, en cas de tsunami, d'être en capacité de vous relever. Tel est le début de la confiance en soi.

Ensuite, si vous voulez aller plus loin et commencer un travail plus profond sur votre sentiment de sécurité, vous trouverez de précieux guides et livres qui vous en donneront les clés. Nous, nous nous sommes concentrés sur l'estime de soi. Et c'était déjà un grand défi, non ?

LES 9 CLÉS DE CE CHAPITRE POUR DOPER VOTRE NARCISSISME

- Sortez de vos certitudes et ouvrez votre regard ; vous pourriez bien être surpris.
- Ne remettez pas les choses au lendemain ; plus vous agirez, plus vous serez fier.
- Prenez l'habitude de dire merci. À vous-même, aux autres et à la vie !
- Travaillez vos capacités d'imagination, d'intuition et de visualisation dès que vous le pouvez.
- Prenez des risques, même minimes ; eux seuls vous prouveront que vous êtes capable.
- Multipliez les moments de joie, pour simplement rééquilibrer les situations délicates et les émotions difficiles.
- Soyez authentique, franc envers les autres et loyal envers vous-même.
- Soyez convaincu quand vous passez à l'action ; sinon, vous aurez du mal à être crédible.
- Apprenez à vous faire confiance ; vous êtes capable de traverser des épreuves.

Chapitre 9

Être capable de jouer perso

Comment être égoïste dans le bon sens du terme ?

« Si être égocentrique veut dire que je crois en ce que je fais, en mon art et à ma musique, alors vous pouvez me qualifier d'égocentrique. Je crois en ce que je fais et je le clamerai. »

John Lennon

Maintenant que vous avez compris l'origine de la blessure narcissique et comment, sur un plan physique mais aussi émotionnel, psychique, relationnel et comportemental, en réparer les dégâts, nous vous proposons d'avancer d'un grand pas vers l'amour de soi. Vous n'êtes probablement pas familier de ce genre de regard sur vous-même et de comportements presque « autocentrés ». Mais nous pensons que vous êtes désormais tout à fait capable de... jouer perso !

COMPRENDRE SES RÉSISTANCES

Il est temps d'apprendre à être un peu plus égoïste ! Du moins, d'essayer pour, là encore, expérimenter. D'arrêter de se dévouer aux autres et de, parfois, ne plus penser qu'à soi. Pour voir...

Avant de commencer, il nous faut revenir sur un élément important. Si vous avez été dans le dévouement toute votre vie, évitez de culpabiliser. Car vous avez eu de bonnes raisons, bonnes pour vous, dans le sens valables, utiles, de faire passer les autres avant vous. Votre petit côté sacrificiel vous a peut-être permis de vous protéger, de vous sentir exister, voire aimé. Pardonnez-vous ce travers car, nous l'avons dit, on ne change que dans la mesure où l'on accepte d'être la personne que l'on a été, celle ou celui que l'on est devenu, bon an, mal an.

Pour autant, une petite introspection s'impose avant de passer à l'action. Quels avantages (les psys parlent de « bénéfices secondaires ») avez-vous obtenus et obtenez-vous encore à toujours passer en second, à vous occuper davantage du bonheur de votre entourage plutôt que vous atteler au vôtre ?

Peut-être êtes-vous fidèle à une éducation ?

Vous avez entendu pendant des années qu'il fallait « faire plaisir », « rendre service », que « penser à soi », ça ne se faisait pas. Peut-être vous sentez-vous redevable, consciemment ou non. Vous avez peur de « trahir » vos parents, d'aller à l'encontre de leurs valeurs, que vous considérez désormais comme vôtres. Vous tenez à être conforme à leurs attentes, pour ne pas dire leurs projections.

L'antidote

L'équilibre, le vrai, pour ne pas dire le bonheur, passe nécessairement par un processus d'individuation. Vous n'êtes pas tenu d'incarner le modèle (ou le contre-modèle d'ailleurs) de vos parents. Prenez l'héritage (vous n'avez guère le choix...) mais faites le tri à l'âge adulte. Certaines valeurs vous correspondent, d'autres moins. Émancipez-vous.

RENAUD, 38 ANS

« FAIS PLAISIR ! C'EST COMME INSCRIT DANS MON CERVEAU »

« Un jour, dans le cadre du boulot, parce que j'essayais de mieux comprendre pourquoi j'avais dû mal à déléguer, je suis tombé sur la liste des messages* qu'on reçoit dans l'enfance. Vous savez, les "Sois fort", "Fais plaisir", "Sois parfait", "Dépêche-toi" et "Fais des efforts". Bingo ! Je les avais tous. Ma mère, qui la pauvre nous élevait seule, passait son temps à répéter ces cinq phrases. Et comment dire… Elles sont ancrées dans mon cerveau ! Si je ne fais pas plaisir aux autres, si je ne fais pas d'efforts pour eux, si je ne suis ni fort, ni parfait et si, par-dessus le marché, je ne speede pas pour faire les choses, je me sens mal. Et déléguer revient à aller contre, non pas un ou deux messages, mais la totalité ! Depuis, j'essaye de relativiser. Mais, je vous dis, c'est comme inscrit en gras, en italique et souligné trois fois dans mon esprit. »

Peut-être n'avez-vous pas le mode d'emploi ?

Vous ne savez pas comment faire, vous craignez de mal faire, de faire mal, vous ne savez pas où placer le curseur. Parce que vous manquez de

* Il s'agit des drivers ou messages contraignants identifiés en analyse transactionnelle (voir page 167).

confiance en vous, vous doutez et en particulier de votre légitimité. Nous vous avons donné des clés mais vous craigniez de ne pas savoir les utiliser à bon escient.

L'antidote

Prendre soin de soi, ce n'est pas agir sans tenir compte de l'autre, c'est agir en tenant compte de soi. Il ne s'agit pas de vases communicants, de déshabiller Paul pour habiller Pierre (ou l'inverse). En réalité, la place que l'on s'accorde à soi n'est pas plus avantageuse que celle que l'on accorde à l'autre. Il s'agit d'équilibre, un équilibre qui est propre à chacun, et qui tient compte de la nature de l'individu, de ses forces comme de ses fragilités, de ses valeurs et de ses désirs.

Peut-être l'image de soi est-elle figée chez vous ?

Souvent, nous croyons être ceci ou cela. Nous disons par exemple « Je suis timide » ou même « Je suis écolo » et ne mettons jamais en doute cette nature ou ces convictions qui semblent nous identifier parfaitement.

L'antidote

Vous oubliez que l'être humain est en perpétuel mouvement puisqu'il est... en vie ! Vous évoluez en permanence. Ne vous figez pas vous-même dans une case, un carcan et interrogez-vous grâce à ces questions : « Suis-je vraiment timide ou écolo ? Qu'est-ce qui me le prouve aujourd'hui en termes de sensations, émotions, pensées, comportements et actions ? » Juste pour prendre un peu de recul, un soupçon de hauteur...

Peut-être vos croyances sont-elles tenaces ?

Et ce, malgré cet ouvrage qui tend à redonner au narcissisme ses lettres de noblesse. En votre for intérieur, vous trouvez que les gens qui se soucient d'eux-mêmes sont ridicules ? parfaitement égoïstes ? décalés ? méchants ? Au contraire, les voyez-vous courageux ? sympathiques ?

L'antidote

Sortez du jugement ! Il s'agit simplement d'expérimentations. De sortir de ses habitudes, pour la plupart défensives, pour s'autoriser à vivre autrement et voir ce que cela fait.

Peut-être avez-vous peur du changement ?

Imaginez demain de prendre du temps pour vous. De vous concocter un bon petit plat ou d'aller (seul, sans votre charmante progéniture qui pourtant vous la réclame) à la piscine. Que craignez-vous ? Que l'on vous aime moins ? Que l'on se moque ? Que l'on vous reproche d'avoir changé ?

L'antidote

Sachez que tout être humain craint en effet de sortir de sa zone dite de confort. Il a peur de s'éloigner de ses habitudes, de ce qu'il connaît et, quelque part, maîtrise, même si ses comportements et leurs conséquences sont douloureux. Tout le monde souffre de résistances au changement. Mais en les prenant pour ce qu'elles sont, des bâtons dans vos roues, vous pourrez modifier ces freins et vous en servir comme d'accélérateurs.

TROUVER LE BON POSITIONNEMENT AVEC LES AUTRES

Maintenant que vous avez mieux cerné vos résistances, avançons vers l'égoïsme assumé !

En réalité, vous vous en doutez, il s'agit plus de retrouver une juste place parmi les autres et non de tous les envoyer promener. L'idée de ce chapitre, en dépit de son titre un peu ironique, est de mieux comprendre à quel équilibre (entre vous et les autres) il faudrait parvenir. Car tout dans l'univers est question d'équilibre.

LE YIN, LE YANG ET VOUS !

Selon la tradition taoïste, tout dans l'univers est un savant mélange de yin et de yang. Au début du monde, l'énergie primordiale s'est manifestée sous la forme de deux forces à la fois complémentaires et opposées : le Yin représente le principe féminin, l'obscurité, le calme et la réceptivité. À l'opposé, le Yang incarne le principe masculin, l'activité, la lumière. Pour vivre de façon harmonieuse, il vous faut donc équilibrer vos énergies, en étant à la fois Yin, serein, donc ; et Yang, dans l'action. Penser à vous, donc ; et aux autres.

Un outil intéressant : l'analyse transactionnelle

Une grille de lecture est particulièrement intéressante à ce sujet. Elle nous vient de l'analyse transactionnelle, une méthode mise au point dès les années 1950 par le psychiatre américain Éric Berne. Cette approche part du principe que notre personnalité est composée de trois facettes, trois « états du moi », que nous utilisons dans le cadre de nos relations (nos transactions) avec les autres :

- l'Enfant est l'état du moi qui a conservé les sensations, émotions, besoins, motivations et compétences de l'enfance ; il est ancré dans le passé ;
- le Parent est l'état du moi qui s'est constitué sous l'influence des figures d'autorité qui nous ont marqués ; il se manifeste souvent par des comportements critiques et/ou des attitudes protectrices ;
- l'Adulte est l'état du moi qui s'informe, évalue les situations, analyse et décide ; grâce à une appréciation objective de la réalité, il adopte un comportement approprié.

À ce stade-là, vous vous doutez bien que c'est l'Adulte que nous devons viser ! Pourquoi ? Parce que c'est le seul qui nous permet d'adopter une posture de respect de soi et de l'autre. À partir de ces états, Éric Berne a développé des « positions de vie ». Elles correspondent à la façon dont on se voit et à la façon dont on voit les autres. Ces positions existentielles sont largement le fruit de notre enfance, de nos expériences et de l'image que les autres nous ont renvoyée de nous-même.

Une position de vie est donc faite de deux composantes :

- la première indique la perception que nous avons de notre propre valeur :
  - valeur positive « OK » ou « + » ;
  - valeur négative « Pas OK » ou « - » ;
- la seconde indique la perception que nous avons de la valeur des autres :
  - valeur positive « OK » ou « + » ;
  - valeur négative « Pas OK » ou « - ».

Et vous, dans quelle position de vie vous reconnaissez-vous le plus ? Sachez que nous adoptons tous ces quatre positionnements, en fonction des circonstances, de nos interlocuteurs, du contexte. Mais il est utile de se rappeler cette grille de lecture simple pour garder en tête que nous visons bien le fameux « gagnant/gagnant ».

SE RESPONSABILISER

Les réactions à cette proposition ne vont pas manquer : vous n'avez pas le temps, pas l'argent, pas le choix, pas les moyens de vous occuper de vous, de vous faire plaisir (à vous, et rien qu'à vous). Pour justifier de vous mettre ainsi de côté, vous usez et abusez de bons prétextes, légitimes et en apparence parfaitement compréhensibles, voire louables.

Vous aimeriez beaucoup suivre nos conseils mais, ce n'est pas de votre faute, vous ne pouvez pas ! Eh bien, non. Il vous faut considérer ces prétextes comme de fausses excuses qui vous privent de bien-être et inhibent vos comportements. Et vous en êtes le seul responsable. Il convient de revoir ces formules et de récupérer votre libre arbitre.

	TOI -	TOI +
MOI +	**Je ne suis pas OK,** **l'autre n'est pas OK** **RIEN NE VAUT LA PEINE !** Je me dévalorise. Je dévalorise l'autre. Je ne vaux pas grand-chose et les autres non plus. Position de résignation, de passivité, de désinvolture. Je me replie sur moi et je reste dans l'impasse, il n'y a pas de solution. › **Émotion** : tristesse inadaptée. › **Solution** : se valoriser et valoriser les autres.	**Je ne suis pas OK,** **l'autre est OK** **JE NE SUIS PAS À LA HAUTEUR** Je me dévalorise. Je survalorise l'autre. Je ne vaux pas grand-chose mais les autres sont très forts. Position d'admiration et de culpabilité d'évitement, de d'infériorité, de dépression. Je fuis l'autre et les difficultés, c'est sa solution. › **Émotion** : peur inadaptée. › **Solution** : apprendre à se valoriser en dehors de l'autre.

	TOI -	TOI +
MOI +	**Je suis OK ;** **l'autre n'est pas OK.** **JE SUIS MEILLEUR QUE TOI** Je me survalorise. Je dévalorise l'autre. Je suis quelqu'un de formidable, les autres sont médiocres. Position de mépris, d'agressivité, de domination, d'égoïsme. Je vais me débarrasser de l'autre, c'est ma solution. › **Émotion** : colère inadaptée. › **Solution** : apprendre à valoriser les autres.	**Je suis OK,** **l'autre est OK.** **ALLONS-Y ENSEMBLE** Je m'accepte. J'accepte l'autre. J'ai de la valeur, les autres aussi ; ensemble nous pouvons avancer. Position d'ouverture, d'entraide, de respect, de collaboration, d'égalité. Je vais de l'avant avec l'autre, c'est notre solution. › **Émotion** : joie mais aussi peur, colère et tristesse adaptées. › **Solution** : apprendre à se valoriser avec les autres.

CAMILLE, 44 ANS

« PRENDRE DU TEMPS POUR MOI ? JE CROYAIS CELA IMPOSSIBLE »

« J'étais la championne des journées interminables sans jamais trouver cinq minutes dans la journée pour me poser. Les enfants, ma petite boîte de contenu éditorial, mon conjoint, notre bande de copains, mon père veuf, la maison à faire tourner. Grosse charge mentale, comme on dit maintenant ! Ouvrir un bouquin ou méditer sur un banc ? Très bonne idée. Mais je n'ai pas le temps. C'est ce que je disais jusqu'à l'année dernière où finalement mon corps a lâché. Ulcère à l'estomac, pliée en deux, non pas sur un banc mais sur le canapé, bien obligée de lire pour passer le temps. Au début, j'ai râlé, j'ai pesté, j'ai même dit à mon médecin que je n'avais pas le temps d'être malade. Mais j'ai bien été obligée de l'accepter et de faire avec. Rétrospectivement, je crois que ce souci de santé a été une aubaine. J'ai réalisé que je ne pouvais pas continuer comme ça et qu'il fallait vraiment que je prenne soin de moi. »

Dire autrement pour sortir des fausses excuses

Vous seul êtes aux commandes de votre existence même si, évidemment, vous avez des contraintes familiales, professionnelles et financières. Dire les choses autrement permet de les regarder autrement...

« Je n'ai pas le temps ! »

On a toujours le temps. Évidemment, on en manque. Mais changez de vocabulaire et dites : « Ce n'est pas ma priorité, j'ai des choses plus importantes à faire, je choisis de faire autre chose. »

« Je suis obligé de travailler, m'occuper des enfants, etc. »

Oui, en effet. Mais personne ne vous met le couteau sous la gorge. Dites : « Je me sens "obligé", "tenu" de... »

« Je ne peux pas faire autrement »

Sans doute ne voyez-vous pas comment prendre ce temps pour vous. Mais cela ne signifie pas que c'est impossible. Dites : « Je ne perçois pas d'autres manières de faire. »

« Je n'ai pas le choix »

Là encore, vous êtes libre de décider d'aller dans un sens ou dans l'autre. Dites : « Je ne vois pas comment faire autrement et j'ai une part de responsabilité dans ce choix. »

« Je n'ai pas les moyens… »

Élargissez votre point de vue ! Dites : « Je n'ai pas les moyens de faire de telle manière, mais j'ai peut-être les moyens de faire autrement. »

« Je n'ai pas suffisamment d'argent pour… »

Les contraintes financières sont évidemment de bonnes raisons pour faire reculer votre projet. Mais il n'est pas si onéreux que vous voulez bien le croire. Dites : « Je n'ai pas suffisamment d'argent pour faire telle activité ; que puis-je faire avec l'argent dont je dispose ? »

« Il n'y a rien à faire ! »

Autrement dit, c'est fichu ? Non, pas encore. Dites : « Je ne vois pas de solution mais cela ne veut pas dire qu'il n'y en a pas. »

« Je ne peux pas ! »

Pour cette formule toute faite, les choses sont simples. Assumez et dites : « Je ne veux pas ! »

L'idée ici est de vous prendre en charge, de vous prendre en main. Le travail sur soi, le « développement personnel » reste une décision qui vous appartient. On aura beau chercher à vous convaincre et vous apporter conseils et astuces pour aller de l'avant, soit vous ferez le choix d'avancer, de guérir de votre blessure et de vous aimer davantage, soit vous ne le ferez pas. Et il est parfaitement légitime de faire le choix numéro 2. Mais sachez que ce sera le vôtre, pas celui de vos enfants, de la météo, de la banque ou du patron !

30 IDÉES TOTALEMENT NARCISSIQUES !

Alors, vous êtes convaincu ? Vous osez jouer perso ? Vous choisissez l'égoïsme ? Vous vous le permettez ? Nous sommes heureux pour vous ! Juste avant de commencer, un dernier petit rappel pour la route. Prendre le temps de s'occuper de soi, c'est se donner la permission de ne PAS s'occuper de ses enfants ; de ne PAS s'occuper de ses amis ; de ne PAS s'occuper de son conjoint ; de ne PAS s'occuper de sa famille ; de ne PAS s'occuper de ses clients.

C'est OK, comme dirait Éric Berne ? Vous respirez encore ? Formidable ! Voici 30 propositions totalement narcissiques pour profiter enfin de vous-même.

1. Faites-vous couler un bain et mettez-y quelques gouttes d'huiles essentielles.
2. Préparez-vous un petit dîner en tête-à-tête avec vous-même. Si vous n'aimez pas cuisiner, invitez-vous au restaurant.
3. Inscrivez-vous à la bibliothèque du quartier, choisissez un livre et lisez-le une heure dans le parc ou le café d'à côté.
4. Apprenez quelque chose de nouveau : ouvrez le dictionnaire et découvrez la signification d'un mot ; surfez sur le Net et visionnez une conférence sur un thème qui vous plaît.
5. Offrez-vous une plante, demandez au fleuriste comment bien vous en occuper et regardez-la grandir et s'épanouir – comme vous.
6. Allez à la piscine et faites la planche ; profitez de ce moment pour vous initier

à la Pleine Conscience (cf. chapitre 4), ce qui veut dire, souvenez-vous, ne rien faire qu'être là, à flotter dans l'eau.

7. Ôtez vos chaussures et baladez-vous pieds nus dans un jardin ou une forêt pour vous relier à la Terre.

8. Intéressez-vous à la lithothérapie, aux bienfaits des pierres. Le quartz rose, par exemple, protège des énergies négatives. Mettez-la sous votre oreiller.

9. Offrez-vous dès aujourd'hui ce journal du bonheur dont nous avons parlé et commencez-le en listant tout ce dont vous avez envie de profiter dans la vie.

10. Prenez soin de votre apparence en vous offrant une nouvelle coupe de cheveux, un parfum, une séance de manucure ou pédicure, un gommage, bref demandez à un professionnel ses conseils avisés.

11. Créez chez vous un petit autel, un espace personnel, sacré et en dehors du temps. Ce lieu de spiritualité peut être symbolisé par une bougie, une image, un objet auquel vous donnez du sens.

12. Ouvrez votre agenda et prenez rendez-vous avec vous-même ce week-end. Vous notez bien vos rendez-vous avec le plombier...

13. Vous avez une urgence qui vous empêche d'honorer votre rendez-vous ? Déléguez. Sortez de la toute-puissance et de la volonté de contrôle.

14. Filmez-vous. Racontez-vous votre vie, vos désirs, vos progrès et même vos difficultés. Vous serez heureux et étonné de vous redécouvrir dans quelques années.

15. Au lieu de déjeuner avec vos collègues, réservez une pause par semaine à autre chose.

16. Un soir par semaine, privez-vous d'écran. Éteignez tout. Quitte à retrouver le goût de l'ennui donc favoriser votre imagination et votre créativité.

17. Couchez-vous avec les poules et profitez de l'aurore. Optez pour un petit miracle morning* le lendemain matin.

18. Prenez un après-midi et faites une vision bord. Il s'agit d'un collage qui représente

* Le principe est de se lever plus tôt pour faire du sport, méditer, écrire, etc. Pour en savoir plus : Hal Elrod, *Miracle Morning*, First, 2016.

tout ce que vous voulez attirer dans votre vie. Découpez des citations, des images, des portraits, des situations qui vous inspirent.

19. Chaque matin, assouplissez votre corps, étirez-le. Si le yoga vous tente, essayez les salutations au soleil (un clic sur la toile et vous trouverez le bon enchaînement.)

20. Une fois par jour, réservez cinq minutes à simplement respirer. Optez pour la respiration abdominale.

21. Une fois par mois (ou plus si affinité) lovez-vous dans une couette et revoyez un film que vous avez adoré ou un grand classique.

22. Mettez de la musique et dansez, dansez, dansez. Et même chantez, chantez, chantez.

23. Ralentissez. Pendant toute une journée et régulièrement, tâchez de tout faire moins vite. Marchez plus lentement que d'habitude, mangez plus lentement, parlez plus lentement, etc.

24. Retrouvez la recette du dessert que vous préfériez quand vous étiez enfant. À vos fourneaux !

25. Faites un grand ménage digne du printemps dans votre chambre, offrez-vous des draps tout neufs et savourez le plaisir de vous réveiller comme à l'hôtel.

26. Imaginez-vous à 99 ans, heureux, sage et en pleine santé, puis conversez avec vous-même.

27. Quand vous avez mal quelque part, au lieu de maugréer, concentrez-vous sur le point de douleur pour faire entendre à votre corps que vous avez bien compris son message.

28. Repérez un cadeau que vous n'avez pas les moyens de vous offrir. Et commencez dès aujourd'hui à mettre de l'argent de côté. Peu importe que cela prenne des mois, voire des années.

29. Reliez-vous à la nature. Caressez l'herbe fraîche, parlez aux fleurs, étreignez un arbre.

30. Remerciez-vous chaque matin d'être la personne que vous êtes ; ce n'est pas donné à tout le monde d'être « vous-m'aime » !

LES 5 CLÉS DE CE CHAPITRE POUR DOPER VOTRE NARCISSISME

› Si vous ne vous sentez pas tout à fait prêt pour vous lancer dans notre programme, jetez un œil à vos ultimes résistances. Voyez si le jeu n'en vaut pas la chandelle…

→

› Rappelez-vous que l'amour de soi n'implique pas le désamour d'autrui. Tout est question d'équilibre !

› Vous l'avez compris, il existe un « égoïsme » sain : il consiste à trouver et prendre sa place parmi les autres et d'avoir pour objectif de créer des situations où tout le monde est gagnant.

› Ne vous cachez pas derrière de faux prétextes ; vous seul êtes responsable de votre bonheur.

› Prenez soin de vous au quotidien. Vous avez le droit de ne penser qu'à vous de temps en temps. Prenez-le ! C'est ainsi que vous donnerez à votre entourage le meilleur de vous-même.

CONCLUSION

« Dès ma première rencontre avec des sages de la tradition du bouddhisme tibétain, j'ai été frappé par le fait qu'ils manifestaient d'une part une grande force intérieure, une bienveillance sans faille et une sagesse à toute épreuve, et d'autre part une complète absence du sentiment de l'importance de soi. J'ai moi-même observé à quel point l'identification à un « moi » qui siégerait au cœur de mon être est une source de vulnérabilité constante, et que la liberté intérieure qui naît d'un amenuisement de cette identification est une source de plénitude et de confiance sans égale. »

Matthieu Ricard

Nous avons gardé cette citation de Matthieu Ricard pour la fin, pour vous dire, avant de vous quitter, à quel point, déjà, vous méritez de vous aimer vous-même. Et vous prouver que vous le méritiez avant même de lire cet ouvrage :

eh oui, vous possédiez déjà cette « complète absence du sentiment de l'importance de soi » !

Finalement, il ne vous reste plus qu'à apprendre la « grande force intérieure », la « bienveillance sans faille » et la « sagesse à toute épreuve ». Bon. Le projet est peut-être un peu grandiose ! Néanmoins, nous espérons que ce livre vous aura permis d'avancer sur le chemin. Nous allons vous laisser voler de vos propres ailes. Mais avant, nous tenions à vous assurer de notre confiance en vous. Rappelez-vous, vous êtes parfaitement capable de :

- modifier vos croyances limitantes sur vous-même, les autres, le monde ;
- mieux accueillir vos émotions pour améliorer votre humeur ;
- agir et surtout réagir différemment ;
- faire le choix de vous apprécier ;
- décider de vous valoriser ;
- exploiter vos capacités ;
- adopter un point de vue optimiste ;
- accepter d'être humain donc imparfait ;
- sourire face à l'adversité ;

- mettre à profit un échec ;
- croire que vous êtes unique (et précieux) ;
- mieux vous connaître, vous, vos capacités, votre valeur et votre potentiel ;
- avoir davantage confiance en vous (même si ce n'est pas le cas en permanence) ;
- commencer dès aujourd'hui une nouvelle aventure avec vous-même.

REMERCIEMENTS

Nous remercions chaleureusement tous les témoins de cette enquête ; c'est grâce à eux qu'elle prend vie.

Cet ouvrage est composé de matériaux issus de forêts gérées durablement certifiées PEFC™.

Le Programme de reconnaissance des certifications forestières (PEFC™) est le plus grand organisme mondial indépendant de contrôle pour une gestion durable des forêts. Pour en savoir plus, consultez le site www.pefc-france.org

PEFC™ PEFC/14-38-00277

Achevé d'imprimer en mars 2023
par Novoprint
Dépôt légal : avril 2023
Imprimé en Slovaquie